あなたを変える101の英知

Who will cry when you die?

3週間続ければ一生が変わる

ロビン・シャーマ

北澤和彦＝訳

〈はじめに〉

この本で あなたの人生を変える英知に出会ってください

この本を手にとっていただいて光栄です。そうすることによって、あなたはもっと慎重に、もっと楽しく、もっと完璧に生きようという決意をなさったと思います。偶然ではなく選択に基づいた人生を、怠慢ではなく計画に基づいた人生を送ろう、と決めたのです。そんなあなたに、わたしは声援を送ります。

愛読者の方々から数えきれないくらいたくさんの手紙をいただきますが、すべて、自分たちの発見した英知で人生が変わるのを目《ま》のあたりにしたみなさんです。わたしはそういった意見におおいに刺激され、感動をもらいました。受け取った多くの手紙には、わたしが学んだ生活の技を人生の教訓としてまとめてみたらどうですか、という激励のことばも書かれていました。

というわけで、あなたの人生を変えるのに役立つにちがいない最高のものを編纂《へんさん》して、一冊にまとめることにしました。

本書につづられていることばは、心から感じたものです。わたしが申しあげる英知を発見するだけでなく、あらゆる生活の場でそれを実践して、つねに改善をめざしていただきたい、という願いをこめて書きました。わたし自身もためしてみましたが、知るだけでは十分ではないことがわかりました――望ましい人生を送るためには、そういった知識に基づいて行動しなければならないのです。

本書を読んでいただくにあたっては、職業上のものであれ、個人的なものであれ、スピリチュアルなものであれ、人生の質を高めてくれる豊かな英知を見いだしていただきたいと思っています。手紙でも、eメールでも、わたしのセミナー会場へきていただいてもかまいません、本書に書かれている教訓をあなたの生き方にどう溶けこませたかを教えてください。できるかぎり直接、お返事をさしあげたいと思います。
みなさんの心のやすらぎ、おおいなる繁栄、価値ある目的をもって送られるしあわせな日々を願ってやみません。

ロビン・S・シャーマ

e-mail address： wisdom@robinsharma.com
Internet address： www.robinsharma.com

目次

「時間のムダづかい」から有効活用へ ▼▼▼ 時間管理

「弱気な自分」から一歩前に出る自分へ ▼▼▼ ポジティブ思考

「不満・くすぶり」から能力開花へ▼▼▼自己実現

「気分屋」から意識的な生き方へ▼▼▼意識改革

悪いストレスから心身のリフレッシュへ ▼▼▼ 癒しと健康

とめどない忙しさから心の豊かさへ ▼▼▼ 発想力

人間関係▼▼▼「つきあいべた」から積極的な人脈づくりへ

「仕事人間」から賢い家庭人へ▼▼▼家族愛

無目的人生から「実りの人生」へ▼▼▼目標実現型人生

行動力 1〜12

「できない自分」から行動型人間へ

その思想がたとえ高潔なものであっても、人間の最終目標は思想ではなく行動である。

（トマス・カーライル）

困難だから、やろうとしないのではない。やろうとしないから、困難なのだ。　（セネカ）

1

天職を見つける

成長期のころ、父から聞いたことばはけっして忘れられないでしょう。

「息子よ、おまえが生まれて、まわりの人たちが喜んでくれているあいだ、おまえはずっと泣きっぱなしだったのだ。おまえが喜んで天国へ行くとき、まわりの人たちが泣いてくれるような人生を送りなさい」

わたしたちは、人生とはなにか、ということを忘れてしまいがちな時代に生きています。いとも簡単に月に行けるのに、通りをわたって新しい隣人に会いにいくのはひと苦労です。世界中どこでもねらいどおりの場所にミサイルを発射できるのに、子どもたちといっしょに図書館に行く約束をなかなか守れません。eメール、ファクス、デジタル電話があるのでいつでもつながっていられるのに、人間のつながりが希薄な時代になっています。人間性との接点がなくなっているのです。目的がわからなくなっています。もっとも大切なものを見失っているのでしょう。

ですから、この本を読まれるにあたって、謹《つつし》んでおききしたいと思います。

あなたが死ぬとき、だれが泣いてくれますか？

この地球を歩きまわれる恩恵にあずかっているあいだに、あなたは何人の人生に影響を与えられますか？

あなたの人生は、次世代の人たちの人生にどんなインパクトを与えられますか？

最後に息を引き取るとき、あなたはなにを遺《のこ》せますか？

わたしが人生で学んだ教訓のひとつは、こちらから人生に対して行動を起こさなければ、人生のほうからこちらに行動を起こしてくる傾向がある、ということです。ほんの数日はあっというまに数週間になり、数週間は数カ月に、数カ月は数年になります。すぐにすべてが終わってしまい、残されるのは中途半端に送った人生だけです。

ノーベル文学賞を受賞したジョージ・バーナード・ショーは、臨終のときにこうきかれました。

「もういちど人生を送れるとしたら、あなたはなにをしますか？」

彼はじっくり考えて、深いため息とともに答えました。

「なれたかもしれないけれど、ならなかった人物になりたい」

そういうことが起きてほしくないから、わたしはこの本を書いたのです。

プロの講演者として、わたしは北アメリカ中の都市を飛びまわり、さまざまな大会でたくさんの人びとに向けてスピーチをし、仕事や人生におけるリーダーシップに関する洞察を紹介してきました。みんなそれぞれ違う人生を歩んできているはずなのに、最近は、判で押したようにおなじ質問ばかり受けます。

どうしたら人生に大きな意味を見つけられますか？　どうしたら仕事を通じて長く貢献できますか？　手遅れになる前に人生という旅を楽しむために、どうやったら生活をシンプルなものにできますか？

わたしの答えはいつもおなじように始まります。

天職を見つけてください。

われわれはだれもが特別な才能をもっていて、それらはきちんと追求してもらうのを待っているだけなのです。わたしたちが生きているのは、人間がもっている最高の潜在能力を引き出してくれるすばらしい目的のため、気高い目標のためであって、それは同時に、わたしたちのまわりにいる人びとの人生の価値を高めることになるのです。

天職を見つけるといっても、いまの仕事を辞めなければならないという意味ではありません。もっと自分の仕事に打ちこんで、得意なことに集中すればいいのです。

そのためには、あなたが望んでいる変化を、他人がもたらしてくれるのを待っていてはいけません。マハトマ・ガンジーはいっています。

「世界に変化を望むのであれば、みずからが変化となれ」

いったんそうなれば、あなたの人生はきっと変わるでしょう。

ポイント・メモ

2

考えているより実行する

「英知とはつぎになにをするかを知っていること、技術はそれをどうやるかを知っていること、徳はそれをおこなうことである」

生物学者で元スタンフォード大学学長のデイヴィッド・スター・ジョーダンは、そういいました。

わたしたちの大多数は、もっとしあわせになり、もっと健康になり、もっと充実した生活を送るために、なにをする必要があるかを知っています。真の問題は、わたしたちが知っていることを実行しないことです。モチベーションについて語る多くの講演者が、「知識はパワーである」というのを聞きます。わたしの意見は違います。知識はパワーではありません。知識は潜在的なパワーにすぎないのです。あなたが知識に基づいて断固たる行動をとったときはじめて、知識は実際のパワーに変わるのです。

強固な意志の証《あかし》は、楽しいことや楽なことをしているときに発揮されるわけではありません。深い道徳的権威のきざしは、その人物がやりたいことをしているときではなく、やるべきことを堅実にやっているときにあらわれるのです。

真の人格者は、正しいことをして日々を送ります。一日の仕事で疲れたあとは、三時間もテレビを見たりせずに、ソファから立ちあがり、子どもたちに本を読んでやる勇気をもっています。寒い冬の朝、ぐずぐず寝ていたりせずに、生来の自制心を発揮してベッドから跳び起き、ジョギングをします。行動は習慣ですから、ポジティブな行動をとればとるほど、もっとやる気になります。

たいていの場合、わたしたちは目の前に理想的な道があらわれるのを待って日々をすごしています。道は待つことではなく、歩くことによってできる、という事実を忘れているのです。夢を見るのもいいでしょう。でも、大きなことを考えるだけでは、仕事を成しとげたり、請求書の支払いをしたり、心のなかでなれると思っている人物になったりすることはできません。

スコットランドの思想家、トマス・カーライルのことばに、つぎのようなものがあります。

「その思想がたとえ高潔なものであっても、人間の最終目標は思想ではなく行動である」

もっともささやかな行動のほうが、もっとも大胆な心がまえよりつねに望ましいのです。

ポイント・メモ

3 最初の二十一日間を乗りきる

わたしが著書で書いたように、あらたな習慣を身につけるには約二十一日かかります。でも、ほとんどの人は、ポジティブな生活の変化をつくりだすことを最初の二、三日であきらめてしまいます。古い行動を新しい行動に変えるときにはつきものの、ストレスや苦痛に耐えられなくなるのです。

新しい習慣は、新しい靴に似ています。最初の二、三日は、あまり履き心地がよくありません。でも、三週間くらいたつと慣れてきて、第二の皮膚のようになるでしょう。

わたしたち人間は、変化に抵抗し、現状を維持するように、遺伝子的にプログラムされています。恒常性《ホメオスタシス》として知られる状態は、時間とともに自然に進化するもので、それによって、わたしたちの祖先はつねに変化する状態のなかで生き延びることができたのです。

問題は、もっと望ましい可能性があるときでも、そのメカニズムはものごとの現状を維持しようとすることです。だから、あらたな習慣を身につけ、さらに高いレベルの生活へ移るのをさまたげる重力を克服するのがむずかしいのです。

しかし、ロケットが発射直後の二、三分で使う燃料は、その後に飛ぶ五十万マイル以上の距離で消費するより多いのとおなじで、最初の二十一日を乗りきれば、あらたな習慣を身につけてすすむのは、想像していたよりはるかに楽なことに気づくでしょう。

時間をつくってあなた自身の習慣について考え、必要な改革をおこなうと約束してください。人生の質は、習慣の性質によってほぼ決まるのです。

イギリスの詩人、ジョン・ドライデンは、

「はじめは人が習慣をつくり、それから習慣が人をつくる」

といっていますし、イギリスの小説家、ヴァージニア・ウルフは、

「習慣だけが、骸骨のように人間の体軀《たいく》をささえている」

と書いています。

ですから、習慣に引きとめられるのではなく、前進させてもらうようにしてください。古代ローマ時代の作家、プブリウス・シルスは、

「習慣という帝国はなるほど強大だ」

という、時代を超越したことばを残しています。

ポイント・メモ

4

小さなことを考えない

イギリスの政治家、ベンジャミン・ディズレーリは、かつてこういいました。

「心のなかですばらしい考えを育てるのだ。なぜなら、自分が考えている以上にすばらしい人間にはなれないのだから」

深遠なことばです。彼がさずけている英知の要点はよくわかります。人生であなたを押しとどめているのは、あなたがいかなる人間かということではありません。自分はこういう人間ではない、と考えていることなのです。あなたの内面で起こっていることのせいで、ほしいものが手に入らないのです。

あなたがこの洞察をしっかり理解して、制約をくわえている考えを心から追いはらいはじめた瞬間、ほぼ同時に、まわりの状況が改善されるのがわかるでしょう。

わたしが主催しているモチベーションをあたえるセミナーで、わたしは聴いている人たちにこう話します。

「夢を追いかけていないなら、あなたがたは制約をあおっていることになります」

国際的に有名な眼科医であるわたしの弟が、弱視という病状について話してくれたことがあります。幼い子どもの健康な目を眼帯でおおうと、その病状があらわれます。眼帯をとると、かつてはよかった視力が完全に失われてしまうのです。目をおおってしまうと発育がさまたげられ、失明の原因となります。

わたしたちの多くは、目隠しをして人生を生きているようなものです。もっと大きな夢をもつことや、恐れていることをするのを怖がっています。結果はいつもおなじです。弱視の子どものように、やがて失明して、ごくかぎられた行動範囲のなかで残された日々を送ることになるでしょう。

あまりに多くの人びとがちっぽけな人生を送っています。二十歳で死んだも同然になって、八十歳で埋葬される人が多すぎます。忘れないでください、止められたくないと思っている人間は、だれにも止められません。ほとんどの人は、実際に失敗したりしないものです。あきらめてしまっているだけです。あなたの夢を押しとどめている制約のほとんどは、みずから課した制約にすぎません。

ですから、〝小さな考え〟という手かせ足かせをはずして、変身するための大きな夢を描く勇気をもち、失敗という選択肢はないものと信じてください。

哲学者のセネカはこう述べています。

「困難だから、やろうとしないのではない。やろうとしないから、困難なのだ」

ポイント・メモ

行動力

5 好敵手を選ぶ

最近、読んだのですが、オリンピックが終わって帰国した選手のなかには、心理学者がＰＯＤ（オリンピック後の鬱状態《ポスト・オリンピック・デプレッション》）と呼んでいる症状に陥る人がいるそうです。

世界中のスポットライトを浴びて、競技でいい成績をあげるために何年もトレーニングを積んだあとで、いったん日常生活にもどると、選手たちはこの症状に襲われて鬱《うつ》状態になります。成功の絶頂をきわめたことによって、さらなる高い目標がなくなり、人生は意味を失ってしまうのです。

おなじような現象は、月面を歩いたアポロの宇宙飛行士たちにも起こりました。偉業を成しとげたあとで、人生には宇宙旅行に匹敵するような興奮がほとんどないことに気づくと、彼らはだんだん意気消沈してしまったのです。

楽観主義と人生への情熱を健全なレベルに保つためには、さらに高い目標をかかげつづけなければなりません。仕事上のものであれ、個人的なものであれ、ひとつの目標を達成したら、すぐにつぎの目標を設定することが大切です。もっと大きくて、もっと魅力ある目標をつぎつぎに設定していくこのプロセスを、わたしは「好敵手選び」と呼んでいます。

弁護士だったころ、わたしはほとんどの時間を法廷ですごし、依頼人たちの利害を代表していました。長年、そういった事件を論じ合っていたあいだは、もっとも手ごわい相手と闘ったときに、いつも最高の弁論ができました。聡明で、準備万端をととのえ、ひときわ集中しているそういった訴訟者たちを相手にすると、わたしは裁判官の前で問題の核心に触れ、簡潔で効果的な弁論を展開せざるをえませんでした。このうえない好敵手たちのおかげで、わたしは心の奥深くまで掘りさげることになり、以前よりずっとすばらしい仕事ができたのです。

おなじように、強制的に一連の目標を選択することによって、あなたの才能はみごとに解き放たれるでしょう。忘れないでください、ダイヤモンドは地中でたえまない重圧を受けて生成されるのです。ですから、目標があなたにふさわしいものであることを確認してください。そういった目標が、心の底からやりがいを感じられるものかどうか、あなたから最善のものを引きだし、その過程であなたの成長に力を貸してくれるかどうかを確かめるのです。

わたしが全国でおこなっているコーチング・クラスの参加者の多くは、仕事でも私生活でもすでに成功をおさめたと思える方々です。おおいに尊敬され、影響力があって、バランスのいい充実した私生活を送りながら、仕事を楽しんでいる人びとです。それでも彼らがわたしのプログラムに参加しているのは、もっとすばらしい人間になれること、さらに大きな報酬が待っていることをよく知っているからです。

彼らは理解しています。人間がもっている潜在能力をはっきりと示して、いつまでも色あせないものを遺すためには、目標を高くかかげつづけて、もっと高い水準に近づかなくてはならないのです。そういったゆるぎない向上心があるから、人生は彼らに大きな祝福を贈るのです。

6

具体的で明確な目標を設定する

多くの講演者や作家は目標を設定することを奨励しますが、ほとんどの人は、なぜそれが効果的な訓練なのかを説明せずに、「紙に目標を書きだすと、なにか魔法のようなことが起きます」というだけです。わたしの意見では、生活のあらゆる分野で明確な目標を設定することは、三つの理由で有効なのです。

まず第一に、選択肢が多すぎて複雑になっているあなたの世界で、集中する感覚を取りもどすことができます。われわれが生きているこの時代は、いつもやることが多すぎるのです。こちらの注意を引いて、気を散らそうとするものが多すぎます。目標はわたしたちの欲求を明確にしてくれます。と同時に、わたしたちが望むものに導いてくれる行動だけに専念できるようにしてくれます。

明確な目標を設定すれば、より賢明な選択をするための枠組みが手に入ります。

行動力

どこへ向かっているかをきちんと知っていれば、そこに到達するための行動を選ぶのがずっと楽になります。目標を書きだすと、意図が明らかになります（自分のビジョンを実現する第一歩は、それを明確にすることです）。

小説家のソール・ベローは、かつてこう書きました。

「はっきりした計画は、選択という苦痛から解放してくれる」

あるいは、自己啓発書を書いているグレン・ブランドはこう書いています。

「目標と計画は生活から心配ごとを取りのぞいてくれる」

目標を設定すれば、あなたの行動は日々のムードではなく、人生の使命に基づいたものになるでしょう。

目標を設定するのが有効な第二の理由は、さまざまな機会を逃さないよう、ずっと注意していられることです。その訓練をすることで、あなたの心は磁石のようになり、あらたな機会を引き寄せてくれるでしょう。個人的なものであれ、仕事上のものであれ、スピリチュアルなものであれ、あなたが望んでいる人生を創造するためには、そういった機会をとらえる必要があるのです。

そして目標を設定するのが有効な第三の理由は、明確な目標は行動の道すじを明らかにしてくれることです。目標は優先的な行動をとるためのインスピレーションを与えてくれますし、棚からぼた餅のようにチャンスがころがりこんでくる（そんなことはめったに起きません）のを待っているのではなく、さまざまなことを起こしてくれます。

あなたを夢中にさせ、やる気を起こさせる目標を選びだすことは、人生へのこだわりのレベルをあげ、日々つぎこんでいるエネルギーの量を増やす最善の方法のひとつです。ですから、大きな目標を設定してください。物質的にであろうと精神的にであろうと、あなたは、あなたが抱く夢以上には豊かになれないのです。

広告業界の天才、デイヴィッド・オグルヴィーは、こう表現しています。

「バントをするな。場外ホームランをねらえ。不朽《ふきゅう》の名声をもつ選手の仲間入りをめざすのだ」

7

“問題”を前向きに再構成する

フランスの作家、アルベール・カミュは、かつてこう書きました。

「冬のさなか、わたしはやっと気づいた。変わらぬ夏はわたしのなかにある、と」

心がストレスや苦痛で満たされるような逆境に直面してはじめて、わたしたちは自分たちがいかに強靭《きょうじん》で回復力がはやいかに気づきます。そして、わたしたちのなかには、人生が意表をついてきても対処できる勇気と能力があることを知るのです。

リーダーシップに関するわたしのセミナーに参加している多くの男女は、セッションが終わるとやってきて、人生で抱えている難題を打ち明けます。この不確実な時代に、従業員にモチベーションをもたせるむずかしさを話す人もいます。仕事を通じて、より大きな目的意識と充足感をもちたいという渇望と必要性を話す人もいます。ほかの人たちは、私生活のなかでどうやってバランスを取りもどすかを質問してきます。

わたしの答えは、いつもおなじ教訓で始まります。生活を向上させるには、まず考え方を改善しなければなりません。古いことわざにあるように、「わたしたちは世界をあるがままに見ているのではなく、自分たちの生活を通してしか見ていない」のです。

人間がもっている最高の資質は、困難な状況をもっと賢明で前向きな方法で再構成し、解釈しなおす能力です。犬にはそれができません。猫にもできません。猿にもできません。それは人間だけにある才能で、わたしたちを人間らしくしていることの一部です。感じていることを環境のせいにするのは、弁解をしているのとおなじことです。

どんな問題を処理するにせよ、自分たちがおかれている状況の責任は自分たちにあることを認める勇気をもち、わたしたちにはその逆境を有利な立場に変える能力もあることを理解しなければなりません。人生最大の逆境は、つねに人生最大の幸福を示してくれるのです。

8

もっとリスクを負う

これだけは請け合います。人生のたそがれどきを迎えて、死の床につくとき、あなたがいちばん後悔するのは、負ってきたあらゆるリスクではありません。あなたの心を満たす最大の後悔と悲しみは、避けてきたすべてのリスク、つかまなかったすべての機会、立ち向かおうとしなかったすべての恐怖でしょう。

いいですか、恐怖の向こうには自由があるのです。時代を超えた成功の原則に焦点を合わせてください。「人生は数字のゲームにすぎません――リスクを負えば負うほど、報酬は多くなります」。あるいは、古代ギリシアの悲劇詩人、ソフォクレスのことばを借りれば、「運は勇気のない者にはめぐってこない」ということになります。

人生をまっとうするためには、もっとリスクを負い、恐れていることをしてください。やっかいな状況に強くなり、いちばん抵抗のない道をすすむのをやめるのです。もちろん、人があまり通っていない道を歩けば、いろいろなものに爪先をぶつける確率は高くなるでしょうが、どこかに行くにはその方法しかないのです。

わたしの母はいつもいっています。「片足を二塁につけたまま、三塁にすすむことはできないでしょ」

あるいは、フランスの小説家でノーベル賞をとったアンドレ・ジードは、「長いあいだ岸を見失う勇気がなければ、新しい大陸を発見することはできない」といっています。

充実した人生を送る秘訣は、安全を探すことに日々をついやすのではなく、機会を追いもとめることに時間をさくことです。たしかに、より計画的で情熱的な人生を始めれば、それなりに失敗もするでしょう。でも、失敗は、勝つ方法を学ぶことにすぎません。あるいは、父がいつかいっていたように、「ロビン、枝の先はたしかに危ない。だが、すべての実はそこにあるのだ」ということなのです。

人生はすべて選択です。おおいに満ち足りていて、潜在能力を十分に発揮している人びとは、ほかの人より賢い選択をしているにすぎません。残る人生の日々、ま

行動力

ったく安全な岸に腰をおろしてすごしてもいいし、深い水に飛びこみ、真の勇者を待っている真珠を手に入れてもいいのです。わが身を駆りたて、日々、自分の限界を広げつづけることに集中するために、わたしはセオドア・ローズヴェルト元大統領のことばを書斎にかかげています。

大切なのは評論家ではない。実力者がどのようにつまずいたか、善行家がどこでもっとうまくやれたかを指摘する人物はいらない。顔を泥と汗と血でよごしながら、実際に現場で闘っている男。勇ましく立ち向かっている男。何度も判断をあやまって、期待にそえない男。おおいなる熱意と献身についてわかっていて、りっぱな大義に身をささげている男。最善の場合は、最終的に大成功をおさめた喜びを知っている男。最悪の場合は、たとえ失敗したとしても、勝利も敗北も知らない、冷たくて臆病な連中とは違う、あえて勇敢に立ち向かった結果として失敗した男。そういった男たちをこそ、称賛すべきなのだ。

9

慣習と反対の道を行く

フランスの政治哲学者、ジャン・ジャック・ルソーは、「慣習とは反対の道を行け。そうすれば、ほぼいつでもうまくいく」と書いています。

アップル・コンピュータのすばらしい広告は、「異なる考えをもて」と、われわれをそそのかします。あるいは、わたしはリーダーシップに関する講演で、聴いている人たちに向かって、「大勢の人のあとについていけば、行きつく先はたいてい出口です」といっています。

豊かで実りある人生を送るには、自分自身のレースを走ることが欠かせません。あなたのユニークさを犠牲にしてまで、社会的なプレッシャーという要求に屈するのはやめましょう。世界でもっとも賢明で有能な人びとの一生を調べてみると、彼らは他人からどう思われようと気にしていなかったことがわかるでしょう。世論に押さ

行動力

れて行動するのではなく、自分の心の声にしたがう勇気をもっていました。人通りの少ない道を歩むことによって、彼らは夢想だにしなかった成功を手に入れたのです。

慣習にとらわれないようにすることの重要さを説いている最高の引用句のひとつは、小説家のクリストファー・モーリーのことばです。

「毎日、ほかのだれも読んでいないものを読みなさい。毎日、ほかのだれも考えていないことを考えなさい。いつも満場一致の一員になることは、心にとってけっしていいことではありません」

そして、最高のものは哲学者のエマソンのことばでしょう。

「世の中にあって、世の中の意見に生きるのはたやすい。ひとりのとき、自分の意見に生きるのはたやすい。だが、偉大な人間とは、群衆のなかにあって、みごとに孤高を保てる人物である」

これからひと月、なにかをするときは熟考してください。ほかのみんながしているという理由で、なにかをしないようにしましょう。しかるべき理由があって他人と違っているのは、賢明な生き方なのです。アインシュタイン、ピカソ、ガリレオ、ベートーヴェンにきいてみるといいでしょう。

10

逆境を受け入れる

映画スターのケヴィン・コスナーは、山あり谷ありの映画スター人生についてきかれたとき、「わたしは人生を生きている」と答えました。

深遠な答えだと思います。人生のできごとや経験を善し悪しで判断して日々を送るのではなく、中立の姿勢をとり、あるがままに受け入れる決意をしたわけです。彼は人生という道を自然体でたどっています。

わたしたちはだれも、最終目的地に向かってそれぞれ異なる道を旅します。ほかの人より険しい道を歩く人もいるでしょう。でも、なんらかの逆境に直面せずに最後までたどりつける人はいません。ですから、逆境と闘うのではなく、当たり前のものとして受け入れてみてはいかがですか？　結果のことを考えないようにして、人生で遭遇するあらゆるできごとを最大限に体験するのです。

行動力

痛みを感じ、しあわせを味わってみましょう。谷へおりたことがなければ、山の頂へのぼっても、はっと息をのむような気分は味わえないでしょう。人生には真の失敗というものはなく、結果があるだけである、ということを忘れないでください。真の悲劇はなく、教訓があるだけです。ほんとうは難題もなく、知恵のある人物が解決策と見なしてくれるのを待っている機会があるだけなのです。

ポイント・メモ

11

トラブルを偉大な教師と見なす

人生のリーダーシップに関するセミナーで、わたしは参加者にしばしばつぎのような質問をします。

「わたしたちはもっとも困難な体験からもっとも多くのことを学ぶ、というわたしの意見に賛成の方はいらっしゃいますか？」

当然のごとく、部屋にいるほぼ全員が手をあげます。そうであるなら、わたしたちはなぜ、もっとも困難な体験のネガティブな面にばかり焦点を合わせて人生の大半をすごすのでしょう。もっとも困難な体験というのは、ほんとうはもっとも偉大な教師なのです。

あなたが体験した失敗、犯したあやまち、耐えた苦しみがなければ、いまあなたがもっている知恵や知識は得られなかったでしょう。これからは、苦しみは教師で

行動力

あり、失敗は成功への道であることを理解してください。まちがった音を出さなければギターは上達しませんし、何度か転覆させせなければボートの操縦をものにすることはできません。トラブルを祝福と見なして、障害となる「つまずきの石」を「踏み石」に変え、傷を英知に変えると誓うのです。

ほとんどの人とおなじように、わたしも人生の道でさまざまな苦しみを経験してきました。でも、いつもわが身にいいきかせてきました。人格はもっとも楽な経験を通して形成されるのではなく、もっともつらい経験をしているあいだに形成されるのだ、と。

人生最大の試練を受けているときに、自分がほんとうは何者であるのか、自分たちの内にいかに豊かな力がひそんでいるかを発見できるのです。いま、あなたが難題を抱えているなら、詩人、ライナー・マリア・リルケのつぎのことばを謹んで捧げます。人生がわたしを惑わしたとき、大きな力になってくれたことばです。

「……あなたの心のなかの未解決のものすべてに対して、忍耐づよくなってください。たとえば錠のおりた部屋のように、あるいは外国語で書かれた書物のように、問いそのものを愛するように努めるのです。いますぐ答えを探さないでください。あなたはまだ答えをみずから生きていないのですから、いま、答えを与えられることはありません。すべてを経験することが大切なのです。いまは、問いを生きる必要があります。そうすれば遠いいつの日か、徐々に、知らず知らず、答えを経験している自分に気づくことでしょう」

ポイント・メモ

12 変えられないことを心配しない

人生の困難に直面すると、わたしはプロテスタント神学者であるラインホルト・ニーバーの『平静の祈り』に何度ももどります。

「神よ、変えられないものを受け入れる平静を、変えるべきものを変える勇気を、そして、それらを見分ける英知を与えたまえ」

わたしがリーダーシップに関するコーチング・プログラムで使っている教材をためしてみたある重役は、自分の心配ごとの五十六パーセントは起こりそうにないことに関するものだったと気づきました。二十六パーセントはもう変えられない過去のできごと、八パーセントは人びとのどうでもよかった意見、四パーセントはすでに解決ずみの健康問題に関することで、ほんとうに注目に値する問題は、わずか六パーセントにすぎなかったのです。

問題を確認して、どうすることもできなかったり、完全にエネルギーのむだになったりする心配ごとをあきらめることによって、その男性は悩まされていた問題の九十四パーセントを取りのぞくことができました。

ポイント・メモ

時間管理 13～24

「時間のムダづかい」から有効活用へ

（いつ死ぬかが）わからないから、われわれは人生を無尽蔵な井戸のように考えてしまう。だが、すべてのことは一定の回数しか起こらず、その回数は実際はきわめて少ない。

（ポール・ボールズ）

まったくするべきではないことを能率的にする。これほどむだなことはない。

（ピーター・ドラッカー）

13

日の出とともに起きる

早起きは、あなたが自分自身に与える贈り物です。あなたの人生を変える力をもっている鍛錬で、早起きの習慣にまさるものは他にあまりありません。

早朝の二、三時間には、なにか特別なものがあります。時間はゆったりと流れ、空気には深いやすらぎが感じられるような気がします。〝五時起きクラブ〟に参加すれば、一日にコントロールされるのではなく、あなたが一日をコントロールできるようになるでしょう。

早起きをして〝ベッドとの戦い〟に勝利をおさめ、〝精神力でマットレスを克服〟すれば、一日の始まりというもっとも貴重な時間のうち、少なくとも一時間をひとりで静かにすごすことができるのです。その時間を賢く使えれば、そのあとの一日はすばらしい展開を見せるでしょう。

時間管理

わたしは読者の方々に〝日の出とともに起きる〟ことを勧め、そのあらたな習慣を身につけるためのさまざまなアイディアを提供しました。午前五時に起きることで生活の質が改善されたという方々から、たくさんのお手紙、eメール、ファクスをいただきましたので、早起きは生活に取り入れるに値する、成功するための原則のひとつである、といってもさしつかえないでしょう。

早起きをすることによって、あなたは、マハトマ・ガンジー、トマス・エディソン、ネルソン・マンデラから、CNNの経営者であるテッド・ターナーや実業家のメアリー・ケイ・アッシュにいたるまで、現代でもっとも影響力のある人びとの仲間入りができるのです。

愛読者のひとりで、マーケティング担当重役をしている女性は、早起きをするようになってからストレス・レベルが劇的に下がったので、オフィスのチームがつぎのような銘をきざんだ文鎮を贈ってくれた、と書いていました。

「わたしたちのMIP（もっとも改善されたプレイヤー《モスト・インプルーブド・プレイヤー》）へ。あなたがなにをしているにせよ、ずっとそれを続けてください。あなたはわたしたち全員にとって刺激になります」

きわめつきの朝寝坊だった彼女は、ベッドのなかでぐずぐずしたり、毛布のなかで失った時間を昼間に取りもどそうとしたりするのはやめよう、と誓いました。そして、家族（とまわりの人びと）がまだ眠っているあいだに、最初は午前六時、つぎは午前五時半、ついには午前五時に起きるようにしたのです。

彼女はつくりだした自由な時間を使って、好きだったのに時間がなくてできなかったことをしました。クラシック音楽に熱心に耳をかたむけ、手紙を書き、古典を読み、散歩をしたのです。それらはほんの一部にすぎませんが、そういったかつて親しんでいた活動は彼女の心をふたたびかきたてて、なくしたと思っていた自分自身の一部にまたつながることができました。早起きをすることで、彼女はもういちど自分を大切にするようになったのです。それによって、さらにすばらしい親、妻、職業人になりました。

早起きの習慣をつけるにあたっては、いちばん重要なのは睡眠の量ではなく〝質〟である、ということを忘れないでください。安眠できない、断続的な十時間の睡眠より、六時間の熟睡のほうが好ましいでしょう。

もっと深い眠りを手に入れるのに役立つ、四つの秘訣をあげておきます。

① ベッドに横たわって眠ろうとしているとき、一日の活動を頭のなかで再現しないこと。
② 午後八時をすぎたら、食べないこと(どうしてもなにか食べたくなったら、スープを飲む)。
③ 寝る前にニュースを見ないこと。
④ ベッドのなかで本を読まないこと。

二、三週間かけて、この新しい習慣を身につけてください。早起きしようとしたけれど、つらいので七日であきらめたというのは、フランス語のレッスンを始めたが、七日たってもしゃべれないのであきらめた、というようなものです。

生活を変えるには、時間と努力と忍耐が必要です。でも、あなたが手にする結果は、最初に感じるストレスをそれ以上の価値があるものにしてくれるでしょう。

14

一時間はやく起きてみる

自分のための時間がないと不満をいうのをやめて、一時間はやく起きてみましょう。その気になればできるのですから、やってみてはいかがですか?

最近はやるべき仕事が多いからできない、という不満はいわないようにしましょう。毎日、七時間寝て、八時間仕事をしているなら、自分の好きなことをする時間が、毎週六十三時間あります。人生の楽しみのために使える時間は、一カ月にすると二百五十二時間、一年では三千二十四時間になります。

世界の歴史において、生きているのがこれほどエキサイティングな時代はありませんし、あなたは毎日が提供してくれる無限の可能性をつかもうと思えばつかめるのです。

自分はそうなれるはずだと思っているほど、満ちたりてなく、しあわせでなく、順調でなく、やすらいだ気持ちでないとしても、両親や景気やボスを責めるのはやめて、いまおかれている状況の責任はすべて自分で負ってください。それが人生をまったくあらたな目で見るための第一歩であり、よりよい人生を送るための出発点になるのです。

ジョージ・バーナード・ショーはこういっています。

「この世界で成功する人びとは、立ちあがって、自分が望むような状況をさがしまわり、もし見つからなければ、それをつくりだす人びとだ」

毎日の生活のなかで見せる態度や時間のすごし方だけでなく、心に思い浮かべることに関しても、賢い選択をしてください。不満をいうのをやめて、〝人生〟を生きはじめるのです。イギリスの詩人、ラドヤード・キプリングのことばに、

「もしも、あやまちの許されざるきびしい一分を、六十秒間の全力疾走で長距離走のごとくみごとに完走できるのであれば、地球はおまえのものだ。そして、そのなかにあるすべてのものも」

というものがあります。

15

一日のはじめに〝プラチナの三十分〟をもつ

どんなふうに一日を始めるかで、どんな一日を送れるかが決まります。わたしは目がさめてからの三十分を〝プラチナの三十分〟と呼んでいます。というのも、それは一日のなかでいちばん貴重な時間で、そのあとに続く一分一分の質にきわめて大きな影響を与えるからです。あなたが分別と自己鍛錬を身につけていて、その重要な三十分のあいだに、いちばん純粋なことだけを考え、もっとも非の打ちどころがない行動だけを起こせれば、一日一日がつねにすばらしい展開を見せることに気づくでしょう。

最近、わたしはふたりの幼い子どもをつれて、アイマックス・シアターで『エヴェレスト』というスリリングな映画を見ました。息をのむような映像や勇気あふれる行動はさておき、とても強く印象に残る点がひとつありました。登山家たちが山頂をきわめるためには申し分のないベース・キャンプが不可欠である、ということです。山麓にそのキャンプがあって、休息、再生、補給ができるやすらぎの地となっていたからこそ、彼らは登頂に成功したのです。いったんキャンプ2に到達すると、すぐにベース・キャンプにもどり、二、三週間のあいだ英気を養います。キャンプ3に着くと、急いでベース・キャンプに引き返して、キャンプ4へ前進する準備をととのえます。キャンプ4に到達すると、ふたたび山をおりてベース・キャンプにもどり、それから山頂をめざして最後のアタックに向かうのです。

おなじように、わたしたちはみな、一人ひとりの山頂をきわめ、日々の難局を制服するために、〝プラチナの三十分〟のあいだにもう一度ベース・キャンプを訪れる必要があるのではないでしょうか。人生の使命とふたたびつながれる場所へ行って、心身ともにリフレッシュし、ほんとうに大切なことにもういちど焦点を合わせる必要があるのです。

わたし自身は、きわめて効果的な朝の儀式をおこなって、つねに喜びとやすらぎに満ちた一日のスタートをきれるようにしています。散歩をしたあとで、わたしは〝自分だけの聖所〟へ向かいます。だれにもじゃまされずに再生の作業ができる、ほんのささやかなスペースです。それから十五分くらいかけて黙想し、人生で起きたあらゆるすばらしいことに集中しながら、期待している一日が始まろうとしていることに思いをめぐらせるのです。

つぎに、知恵をさずけてくれる本を一冊選びます。成功した人生には時代を超えた真理が満ちあふれているのですが、現代のようにめまぐるしい時代では、つい忘れてしまいがちです。どういった本かというと、たとえば、ローマ時代の哲学者、マルクス・アウレリウスの『自省録』、『ベンジャミン・フランクリン自伝』、思想家であるヘンリー・デイヴィッド・ソローの『森の生活（ウォールデン）』などです。

そういった著作に書いてある教訓を読むと、ほんとうに重要なことに集中できますし、一日を正しく踏みだす助けになってくれます。早朝の貴重な時間をさいて読む英知は、そのあとに続く一分一分を奮《ふる》いたたせ、教え導いてくれるのです。

ですから、一日のいいスタートをきってください。きっといままでと違う自分になれるはずです。

16

一日二十分、瞑想タイムをつくる

フランスの数学者、ブレーズ・パスカルは、「すべての人間の不幸は、部屋にひとりで静かにすわっていられないことに由来している」と書いています。

わたしたちは生活を騒音と活動で満たす名人になってしまいました。ラジオのがなりたてる音で目ざめ、テレビのニュースを見ながら着替えます。オフィスに向かう車のなかでは最新の交通情報を聞き、その後の八時間はざわついたオフィスのなかですごします。一日が終わって家に帰れば、テレビの音、電話の鳴る音、コンピュータのぶーんという低音を聞きながら、あれこれ夜の活動をしなければなりません。

パスカルのいうとおりです。わたしたちの不幸の大半は、たとえ短いあいだでも、日々の生活のなかで沈黙することの大切さを見失っていることに由来しています。

集中する能力がなければ、十分に満たされた人生を送ることはできません。一定の時間、ひとつのことに集中していられなければ、目標を達成したり、夢を実現したり、人生のプロセスを楽しんだりできないのです。きちんとしつけられた心がなければ、ささいな考えや心配ごとに悩まされて、もっと有意義なことをじっくり探究する余裕も生まれません。深く集中しなければ、あなたの心はあなたの僕《しもべ》ではなく、主人になってしまうでしょう。

瞑想を学んだ日、わたしの人生は変わりました。瞑想は、山の頂で座禅を組んでいる修道僧がおこなう、ニュー・エイジ的な営みではありません。それどころか、古くからあるテクニックで、世界でも最高の賢人たちが、心を完全にコントロールするために開発したものなのです。

瞑想することによって、有意義なことを探究するための大きな潜在能力が明らかになります。瞑想は心を訓練するひとつの方法で、心が本来の機能を発揮できるようにするのです。

最大の恩恵は、つぎのことでしょう。一日二十分の瞑想で得られた心のやすらぎと落ちつきは、残る一日の一分一分にじっくりとしみこみます。あなたは人間関係でもっと忍耐づよくなり、オフィスではもっとおだやかになり、ひとりのときはもっとしあわせな気分になるでしょう。瞑想をすれば、もっとすばらしい親、人生のパートナー、ビジネスマン、友人になれるのです。

五千年の歴史をもつ、この心の訓練のパワーを見逃す手はありません。

ポイント・メモ

17

通勤時間を〝移動大学〟にする

毎日、片道三十分かけて車で通勤しているなら、一年で、一日八時間労働の約六週間分にあたる時間を車のなかですごしていることになります。そう考えると、カー・ラジオから大音量で流れてくるネガティブなニュースを聞きながら、窓の外をながめ、とりとめもない空想にふけっていていいのですか？

わたしが知っている成功をおさめた見識ある人びとの多くは、だれもが共通の習慣をもっています。車のなかでオーディオカセットを聴くのです。聴きながら、彼らは運転している時間を学習時間に変えて、車を〝移動大学〟にしています。

あなたの車を〝タイヤのついている大学〟に変えてしまえば、きっと最高の投資のひとつになるでしょう。疲れきっていらいらしながら出勤するのではなく、学ぶことが多いオーディオカセットを聴いていれば、通勤も楽しくなるでしょう。インスピレーションがわいてきて、集中することができ、まわりにいくらでもころがっている可能性に注意を払えます。

生活改善に真剣に取り組んでいる人を見つけるには、その人のカー・ラジオが使える状態かどうかをきいてみるのがいちばんいい方法です。効率的な生活を送ろうとしている人は、まったく答えられないでしょう。というのも、運転しているときはずっとオーディオテープを聴いているので、カー・ラジオが使えるかどうか知らないのです。

わたしは何度となく経験していますが、成功して満ちたりている人たちの車の助手席に乗ろうとすると、シートのうえにテープが小さな山をつくっているのです。最高のモチベーションを与えるプログラムや人生のリーダーシップ・システムの多くとおなじように、ほとんどの新刊はオーディオカセットで入手することができます。

わたし個人の場合は、少なくとも月に五本の新しいテープを聴くようにしています。内容はさまざまで、最新のビジネス関係のベストセラーから、時間管理、創造性、ポジティブ思考、身体的健康と精神的満足にまでいたっています。

18

時間を価値あるものに集中して使う

先日、わたしのオフィスにフェデックスの宅配便が届きました。なかに入っていた封筒には、金の封印がしてあり、表にはわたしの名前がていねいに書かれていました。

すばやく封をあけ、手紙を読みはじめました。ある大手企業のCEO（経営最高責任者）からの手紙で、会議に出席するためにヨーロッパへ向かうとき、空港でわたしの著書を買ってくださったのです。ずっとリーダーシップについて学んでいる人物で、本のタイトルに興味をもって、思わずにやりとした、と書かれていました。

その重役は、さまざまな圧倒的な要求のせいでかなり重圧を感じていたので、ビジネス・ライフでも個人の生活でも、ほんとうに大切なことに自分の時間をさくために、リーダーシップの有効性を向上させる方法を模索していたのです。彼は手紙にこう書いていました。

生活があまりに複雑になって、収拾がつかなくなってしまった男の話を拝読したとき、長年にわたってつながっていなかったわたし自身のある部分が、ふたたびつながりはじめました。まず、わたしに指導とインスピレーションをもとめてくる社員のことが思い浮かびました。この五年間、休暇をとってくださいといいつづけてきた妻のことも考えました。そして、大切な青春時代に、ありもしない成功の階段をのぼっている父親を見つめていた三人のわが子にも思いをはせました。わたしは自分を強い人間だと思っていますが、あなたの本を読みすすむにつれて、涙にむせびはじめてしまいました。最初は静かにすすり泣いていたのですが、やがてどうにも手に負えなくなり、客室乗務員が駆けつけてきて、だいじょうぶですか、と礼儀正しくきかれる始末でした。

手紙はさらに続きます。

あの瞬間はまさにわたしに対する警鐘で、けっして死ぬまで忘れられない体験でしょう。リーダーとしての自分のあり方、個人としての人生の生き方を、真剣に考えなければならないのはわかっていました。ですから、地上三万五千フィートの機内で、わたしは誓ったのです。気を散らす多くのことを生活から排除して、基本的なことだけに集中しよう、仕事のやり方と生き方に変化をもたらす力をもっている数少ない活動だけに絞りこもう、と。新聞を一日に六紙読むのをやめ、未決書類入れにとどくすべての郵便物を処理するのをやめ、夕食の招待はいっさい断ろう、と。御書で個人の効率について書かれている章の、「価値あるものに集中する」というタイトルはなかなか秀逸ですので、額に入れてデスクのうえにおき、「なんでもしようとする者は、結局なにも達成できない」ということを思いだすようにしています。そのシンプルな哲学を実践しはじめてから、わたしの生活がいかに向上したかは、とても書きつくすことはできません。ありがとうございました。

時間はもっとも貴重なものですが、ほとんどの人は世界中の時間を所有しているかのような生活を送っています。生活をコントロールする秘訣は、一日一日のなかで集中する感覚を取りもどすことです。ものごとを成しとげる秘訣は、なにに手をつけずにすますかを知ることです。人生の使命をはたしてなにかを遺《のこ》せるような、強い影響力がある活動と優先事項だけに日々の時間を使うようにすれば、すべてが変わるでしょう。

歴史上の偉大な思想家の多くも、おなじ結論に達しています。孔子はこんなふうにいっています。「二兎を追う者は一兎をも得ず」。ローマ時代の哲学者、マルクス・アウレリウスは、「汝、おだやかなる人生を送りたければ、仕事を減らすべし」といいました。経営学の権威であるピーター・ドラッカーは、この英知についてべつの表現をしています。

「まったくするべきではないことを能率的にする。これほどむだなことはない」

19

時間を効率的に管理する

いつも皮肉に思うのですが、多くの人びとは、毎日もう少し時間を手に入れるためならなんでもするといいながら、いまある時間を浪費しています。時間は人生においてもっとも平等なものです。だれもが一日二十四時間を割りあてられています。偉大な人生をつくりだす人とそうでない人の違いは、その時間をどう使うかにかかっています。

ほとんどの人は、時間はたっぷりとあるから、充実した人生を送るためにしなければならないことをすべてやればいい、くらいに思って生きています。そして、夢を実現することをぐずぐずと引き延ばし、保留にしたまま、日々とびこんでくる緊急事態に追われてしまうのです。

ここに悔い多き人生をふせぐための処方箋があります。小説家のポール・ボールズは、かつてこう書きました。

……(いつ死ぬかが)わからないから、われわれは人生を無尽蔵な井戸のように考えてしまう。だが、すべてのことは一定の回数しか起こらず、その回数は実際はきわめて少ない。あと何回、子どものころのある午後を思いだせるだろうか? すっかり存在の一部になっているので、それがなければ自分の人生など考えられない、というある日の午後を。おそらく、あと四、五回だろう。そんなにないかもしれない。あと何回、満月を見られるだろうか? おそらく、あと二十回だろう。それなのに、われわれは無限に見られると思っているようだ。

もっと効率的に時間を管理してください。自分の時間がいかに大切かを、きびしく自覚するのです。そのもっとも貴重なものを他人に浪費させたりせずに、ほんとうに重要な活動だけに投資してください。

20

睡眠時間をけずる

トマス・エディソンの伝記はぜひ読んでください。空想家で、ギャンブラーで、天才でもあったエディソンは、地球上でもっとも時間を有効に活用したりっぱな発明家でした。正式な学校教育は六カ月しか受けていなかったのですが、八歳のときには『ローマ帝国衰亡史』といった古典を読破していましたし、三十歳のときには、音をレコードに記録する蓄音機を発明していました。

彼はポジティブ思考の達人で、晩年、耳がほとんど聞こえなくなったときに、どうして補聴器を発明しなかったのですかときかれると、こう答えました。

「この二十四時間で、どうしても聞かなければならなかったことはどのくらいあった？」

そして、にっこり笑って、こういいそえたのです。

「大声で話さなければならない人間は、けっして嘘をつけないんだ」

でも、この特別な人物に関して忘れられないのは、わずか四時間の睡眠で活躍できた、そのたぐい稀《まれ》な能力です。「睡眠は薬のようなものなんだ」と、彼は説明しました。「一度に睡眠を取りすぎると、頭がはたらかなくなる。時間や精力や機会を失ってしまう」

ほとんどの人は必要以上に寝すぎています。最高の状態で機能するには少なくとも八時間の睡眠が必要である、と自分自身にいいきかせているのです。それ以下の睡眠時間でやっていくことは考えられず、睡眠時間をけずると思うと身震いしてしまいます。

でも、前述したように、もっとも重要なのは睡眠の量ではありません。いちばん大切なのは、睡眠の〝質〟と深さです。

人生がすべて順風満帆《まんぱん》だったときを思いだしてください。オフィスでばりばり働き、満足のいく人間関係がたもて、精神生活も順調だったはずです。エネルギーがあふれ、毎日の一分一分に情熱を燃やしてすごしていたことでしょう。ほとんどの人とおなじように、そういった時期は少ない睡眠でもなんとかやっていけたことも思いだすに違いありません。じっさい、胸おどることが多すぎるので、寝すぎて時間をむだにしたくなかったのです。

こんどは、ものごとがうまくいっていなかった時期を思いだしてください。仕事では疲れきり、まわりの人びとにはいらいらさせられ、自分自身の時間はまったくありませんでした。そういった時期、あなたはおそらくふだんより長く寝ていたはずです。土曜日や日曜日は午後二時まで眠っていたかもしれません（そういったつらいとき、わたしたちはしばしば睡眠を現実逃避に使います）。でも、やっと目をさましたとき、どんな気分でしたか？　ふらふらして、生気を失い、疲れきっていたことでしょう。

つまり、肝心なのは睡眠時間の長さではなく、体がどのくらい回復したかという量なのです。寝る時間を短くしながらも、ぐっすりと深い眠りについてください。疲労は、やりたくないことをするときに起きる精神的な産物である、ということを理解しましょう。

そして、ヘンリー・ウォッズワース・ロングフェローという詩人の賢明なことばを思いだしてください。

時間管理

偉大な人びとが到達し、かつ保持している高みは、
突然跳んで到達したものではない、
そういう人たちは仲間が寝ている夜のあいだも
向上のための努力を続けていたのだ

ポイント・メモ

21

孤独になれる時間を確保する

イギリスの詩人、ウィリアム・ワーズワースは、思慮深いことばを述べています。

「あわただしい世界によってあまりに長いあいだ自分のいい面から隔てられ、世界のできごとに飽きあきし、世界の悦びにもうんざりしているとき、孤独はなんと優雅で、なんと慈悲深いことか」

あなたが最後に沈黙して、心を落ちつけていられる時間をつくったのはいつでしたか？　元気を取りもどし、ふたたび集中して、心身にあらたな活力を与えるためには孤独のパワーが必要ですが、最後にたっぷり時間をとってそれを楽しんだのはいつですか？

世界の伝統的な英知は、すべておなじ結論に達しています。本来の自分を取りもどし、自分のなかに眠っている栄光を知るためには、定期的に沈黙する時間を見つけなければなりません。そう、たしかにお忙しいでしょう。でも、偉大な思想家であるヘンリー・デイヴィッド・ソローはこういっています。

「忙しさにこれで十分ということはない、蟻も忙しいのだ。問題は、なににそんなに忙しいのかということである」

沈黙の大切さを考えるたびに、わたしはひとりの年老いた灯台守の話を思いだします。船が岩だらけの海岸を無事に通過できるよう、その男は光を灯しつづけなければならないのですが、油の量はかぎられていました。

ある晩、灯台の近所に住んでいる男が、家の明かりを灯すために貴重な油を借りにきたので、灯台守はすこし分け与えてやりました。べつの晩、ひとりの旅人が、旅を続けたいのでランプの油を分けてほしいと頼んできたので、灯台守はその願いを聞き入れて、必要な量を与えました。つぎの夜、灯台守はひとりの母親がドアをたたく音で目をさましました。家を明るくし、家族に食事をつくりたいので油を分けてほしい、と彼女は懇願しました。灯台守はふたたび頼みを聞き入れてやったのです。

まもなく、灯台守の油はすっかり底をつき、灯台の光は灯らなくなってしまいました。灯台守が自分の優先事項に集中することを忘れたために、多くの船が座礁し、多くの命が失われました。彼は本来の職務をおこたり、高いツケを払うことになったのです。

たとえ一日数分でもかまいません、孤独を経験すれば、最優先事項に集中することができて、わたしたちの多くの生活に浸透している怠慢をふせぐことができるでしょう。

時間がないので定期的に沈黙していられないというのは、運転するのに忙しすぎてガソリン・スタンドに寄れない、といっているのとおなじです――いずれツケがまわってくるでしょう。

ポイント・メモ

22

腕時計をしないで一日をすごしてみる

去年の秋、わたしは長いあいだしていなかったことをしてみました。腕時計を家においたまま出かけ、一日中、時間を確かめないですごしたのです。時計を見て暮らし、その日にすることを計画したりせずに、その瞬間を生きて、やりたいことをなんでもやってみました。ただなにかをしている人間ではなく、真に〝存在している〟人間になれました。

朝はやく、わたしは森の奥まで散歩に行きました。お気に入りのことのひとつです。社会哲学者のヘンリー・デイヴィッド・ソローが書いた、『森の生活（ウォールデン）』の古いペーパーバックをたずさえていきました。愛読書の一冊です。

美しい場所を見つけて腰をおろし、本を読んでいると、「共時性《シンクロニシティ》」というものを体験することができました。シンクロニシティとは、偶然の一致とは思えないことが、まさにそのときに起きることです。でたらめにひらいた本のページには、つぎの文章が書いてあったのです。

わたしが森へ行ったのは、思慮深く暮らし、人生の本質的な事実だけに向き合い、人生が教えてくれるものを学べるかどうかを確かめてみたかったからであり、死ぬときになって、自分が人生を生きてはいなかったことを発見したくはなかったからである。人生とはいえないような人生は送りたくなかった。生きるということはそれほど大切なのだ。また、よほどのことがないかぎり、あきらめたくもなかった。わたしは人生を深く生き、その精髄をことごとく吸収し、人生とはいえないものはすべて破壊するくらいたくましく、スパルタ人のように生きて……。

わたしはその偉大な人物のことばについてじっくり考え、奇跡のように美しいあたりの光景を吸収しました。その日の残りは、本屋へ行ったり、子どもたちといっしょにディズニーの『トイ・ストーリー』を見たり、家族とともにパティオでくつろいだり、お気に入りの音楽を聴いたりしてすごしました。出費がかさむようなことはありません。わかりにくいものもありません。でも、心の底から楽しむことができます。

ポイント・メモ

23

毎週、安息日をもうける

大昔、一週間の七日目は「安息日」と呼ばれていました。人生でいちばん大切なのに、ふだんはついおろそかにしてしまう気晴らしのためにとってある日だったのです。それは家族といっしょにすごしたり、深い物思いと自分を再生させたりするための時間で、働き者の人びとが充電をして、さらに充実した生活を送るための一日でした。

しかし、生活のペースがはやくなり、人びとがいろいろな活動に目を向けはじめるにつれて、そのすばらしい伝統が消えてしまっただけでなく、安息で得られる一人ひとりの恩恵も失われてしまいました。

ストレスは緊張という意味で、それ自体はけっして悪いものではありません。わたしたちをベストの状態にもっていって、しばしば限界を超えるような力を発揮させ、驚くべき成果をもたらしてくれることもあります。優秀なアスリートにきいてみるといいでしょう。

問題は、世界的に不安があふれている現代において、ストレスから十分な〝息抜き〟を得ていないことにあるのです。ですから、あらたな活力を手に入れて、心の奥まで栄養をゆきわたらせるためには、一週間単位のやすらぎ――一週間ごとの安息日――が得られるように計画して、もっとシンプルな楽しみを、多忙で複雑な毎日に追われて、あきらめているかもしれない楽しみを取りもどす必要があります。

週ごとにそういったシンプルな儀式をおこなうことによって、ストレスが減り、自分のもっとクリエイティブな側面が見つかり、人生における自分のあらゆる役割に大きな満足感が得られるでしょう。

週ごとの安息は、一日中続ける必要はありません。ほんの二、三時間、たぶん日曜日の静かな午前中がいいかもしれません。そのあいだに、自分がいちばん好きなことをするのです。お気に入りの書店ですごしても、朝日がのぼるのをながめても、ひとりで海岸を散歩しても、日誌をつけてもいいでしょう。生活をきちんと整理して、好きなことをする時間を増やすのは、生活を改善するための第一歩です。

週ごとに安息日をとることを生活の基本にして、いったいなにをするつもりだろう、と他人に思われてもかまわないではないですか。あなたにはそうするだけの価値があるのですから、自分自身のためにやるのです。

ヘンリー・デイヴィッド・ソローのことばに、つぎのようなものがあります。

「ある男の歩調が仲間の歩調と合わないのだとすれば、それはほかの太鼓の音を聞いているからだろう。人は自分に聞こえてくる音楽に合わせてすすめばいいのだ。それがどんな旋律でも、いかに遠くから聞こえてこようと」

ポイント・メモ

24
「心配休憩」をとる

たくさんの愛読者の方々からお便りをいただきます。このストレスだらけの時代に、もっとしあわせになり、満たされ、やすらかになることについて学んだ教訓を実践し、自分たちの生活が変わるのを目《ま》のあたりにしたみなさんです。

手紙をくださる多くの人びとは、あまりに忙しくなりすぎて、自由な時間にも、職場に残してくるべき心配ごとをあれこれ考えていました。仕事上の難題に心を奪われてしまい、笑ったり、愛したり、家族と喜びを分かちあったりする能力をなくしていたのです。

人生最良の時期を、つねに悩みごとを抱えてすごしている人びとがあまりに多すぎます。彼らは、仕事のこと、支払いの件、子どもたちの環境について心配しています。そのくせ、心の奥では、心配ごとのほとんどは実際には起こらないことを知っているのです。作家のマーク・トウェインが、「わたしは多くの問題を抱えていたが、実際に起きたのはその一部だった」といっているとおりです。

わたしの人生に大きな影響を与えている賢人である父は、〝火葬用の薪〟というサンスクリット文字は、〝心配〟というサンスクリット文字によく似ている、といったことがあります。

「驚いたな」と、わたしは答えました。

「驚くにはあたらない」と、父はおだやかにいいました。

「いっぽうは死者を燃やし、もういっぽうは生者を焼きつくすのだ」

個人的な体験でいうと、心配癖がつくと、生活の質は劇的に落ちてしまいます。

二十代後半のころ、わたしはいわゆる出世コースをひた走っていました。全国でも一流のロー・スクールでふたつの法律の学位をとって、首席裁判官の助手として働き、訴訟弁護士としてきわめて複雑な事件をあつかっていたのです。

でも、働きすぎたり、心配しすぎたりすることもしばしばでした。月曜日の朝はみぞおちのあたりに虚脱感をおぼえながら目ざめ、自分には合わない仕事で才能をすり減らしているという意識がぬぐえなかったのです。

ですから、生活を改善する方法を探しはじめました。まず、自己啓発とリーダーシップに関する本を読んで、もっと安定感とやすらぎに満ちた、有意義な生活を手に入れるための教訓を大量に見つけました。

心配癖を克服するために学んだシンプルな戦略のひとつは、心配するためだけの特別な時間をスケジュールに組みこむことでした――わたしはそれを「心配休憩」と呼んでいます。

困難に直面していると、四六時中、そのことばかり考えてしまいがちです。そうではなく、心配ごとだけにあてる一定の時間をつくることをお勧めします。夕方の三十分がいいかもしれません。その心配ごとにあてる時間中は、悩みにどっぷりとひたり、困難についてよくよく考えてもいいでしょう。

でも、その時間が終わったら悩みごとを忘れて、なにかもっと生産的なことをするように自分をきたえなければなりません。たとえば、自然のなかを散歩するとか、感動を与えてくれる本を読むとか、好きな人と心を打ち明けあった会話をするとか。

一日のその時間以外のときに心配したくなったら、心配ごとをノートに書きとめておけば、つぎの「心配休憩」にもちこすことができます。シンプルながら強力なこのテクニックを用いれば、心配ごとについやしていた大量の時間は徐々に減り、最終的にはその習慣は永久に消えてなくなるでしょう。

ポイント・メモ

「弱気な自分」から一歩前に出る自分へ

問題をきちんと述べられれば、半分は解決したようなものだ。　（チャールズ・ケタリング）

成功した人びとは、失敗した人びとがやりたがらないことをやる。　（E・M・グレイ）

25

日記ではなく、日誌をつける

日誌をつけることは、成長しなくてはならないと自分に思わせるための最善の方法のひとつです。

日々の体験を、そこから学んだ教訓とともに書きとめていけば、あなたは一日ごとに賢くなっていくでしょう。自覚が深まり、まちがいが少なくなります。それに、日誌をつければ自分の意図が明確になって、ほんとうに重要なことに集中しつづけていられます。

日誌を書けば、つねに自分自身と一対一の会話をするようになります。そうなれば、深くものを考えることが過去の遺物となってしまった世の中で、深くものを考えざるをえなくなります。あなたはさらにはっきり考えられるようになり、もっと意識的で賢明な生き方ができるようになるでしょう。

おまけに、集中的に管理する場所が得られるので、重要な問題に関する洞察を記録し、成功をもたらした戦略をメモし、仕事上のものであれ、個人的なものであれ、スピリチュアルなものであれ、質の高い人生を手に入れるために重要とわかっているすべてを書きとめておくことができます。日誌は、想像力をしなやかにして、夢をはっきりと示せる、自分だけの場所を提供してくれるのです。

日誌は日記とは違います。日記にはいろいろなできごとを記録しますが、日誌は、それらを分析し、評価する場所です。日誌をつけていれば、なにをするか、なぜそれをするのか、自分のしたことからなにを学んだかを考えるようになります。

日誌は、将来のさらなる成功のために過去を学び、それを生かす場を提供してくれるので、毎日そこに書きこむことによって、個人の成長と英知がうながされます。医学的な研究でも、毎日わずか十五分の時間をつくって日誌に書きこむだけで健康が改善され、免疫システムと全体的な心がまえが正しく機能するようになることがわかっています。

忘れないでください、あなたの人生が一考に値するものであるなら、それを書きとめておく価値はあります。

26

あやまちから得た恩恵を書きだす

過去のあやまちに関して自分自身をきびしく責めて、何日もむだにしてしまうことがよくあります。失敗した人間関係を分析したり、まちがったすべてのことをいつまでも悩んだりします。あるいは、高くついてしまった仕事上の判断について悔やみ、正しくやれたかもしれないことをくよくよ考えつづけます。

これを最後に、自分にきびしくなるのはやめてください。あなたは人間で、人間はあやまちを犯すようにできているのです。おなじ失敗を繰り返さず、過去から学べるだけの判断力をもっているかぎり、正しい方向にすすむことができます。それらを受け入れ、前進してください。

マーク・トウェインはこう書いています。「われわれは注意深くなって、ひとつの経験にふくまれている知恵だけを取りだすようにすべきだ――そして、そこでやめる。そうでないと、ストーブの熱いふたのうえにすわった猫になってしまう。猫は二度とストーブの熱いふたのうえにすわらなくなるだろう――それはそれでかまわないのだが、冷たいふたのうえにも二度とすわらなくなってしまう」

だれもがあやまちを犯し、それは成長と進歩に欠かせないということがわかると、解放された気分になります。完璧である必要がなくなり、人生をもっと健全な目で見られるようになるのです。山の清流がうっそうとした森を力強く、でも優雅に流れていくように、わたしたちは人生を流れていくことができるようになります。やがて、自分の本質に満足できるようになるでしょう。

悟りと英知のレベルをさらに高めるすばらしい方法のひとつは、日誌の左ページに、あなたが人生で犯した十のもっとも大きなあやまちを書きだすことです。そして右ページには、それぞれすべてのあやまちから学んだ教訓、いわゆる失敗の結果として人生にもたらされた恩恵を書きだしてください。過去のあやまちがなければ、あなたの人生はいまほど豊かで生きいきとしていないことに、すぐに気づくでしょう。ですから、自分自身にもっとやさしくなり、人生をあるがままに見てください。人生とは、自己発見、成長、生涯学習の道なのです。

27

問題をリストアップする

「問題をきちんと述べられれば、半分は解決したようなものだ」

発明家のチャールズ・ケタリングはそういいました。

一枚の紙を取りだし、抱えている問題をひとつ残らず書きだせば、きっとなにか特別なことが起こります。それは、何週間もあなたを悩ませていたことを親友に打ち明けたときに感じる安堵にとてもよく似ています。どういうわけか、両肩の重荷がとれるのです。気分がかるくなり、おだやかで自由な感じになります。

わたしたちの心は、わたしたちの親友になれると同時に、最悪の敵にもなれることがわかりました。抱えている問題についてぐずぐず考えていると、ほかのことはほとんど考えていないことにすぐに気づくでしょう。その点に関して、心はじつに不思議な生き物です。おぼえていてもらいたいことを忘れるくせに、忘れてもらい

ポジティブ思考

たいことはおぼえています。わたしのセミナーに参加する人のなかには、十五年前にされたことにいまだに腹をたてている人や、先月、失礼な店員にいわれたことにまだ悩んでいる人がいます。

問題が生みだしがちな精神的混乱を解き放つために、すべての心配ごとを紙に書きだすのです。そうすれば、もはや心配ごとで悩んだり、貴重なエネルギーを減らしたりすることはなくなるでしょう。このシンプルな作業によって、問題を客観的な目でながめ、整然とした、計画性の高い手順で取り組むこともできるようになります。このテクニックを使って成功した多くの人のなかには、マーシャル・アーツの達人であるブルース・リーやウィンストン・チャーチルがいます。

チャーチルはかつてこういいました。

「わたしを悩ませている六つのことを書きだすと役に立つ。そう、そのうちのふたつは消えてなくなる。ほかのふたつは、まったくお手あげだから、心配しても始まらない。あとのふたつはなんとかなるだろう」

28

弱点を自覚する

自分の弱点を知らなければ、それを克服することはできません。ネガティブな習慣をなくす第一歩は、それを知ることです。変えたいと思っているふるまいを自覚すれば、もっと役立つふるまいにすんなりと変えることができるでしょう。

作家として、わたしはテレビやラジオのトーク番組からたびたび声がかかります。そういった番組に出演しはじめた当初、わたしはごく自然にふるまっていると思っていました。司会者と会い、わたしの洞察を分かち合い、電話をかけてきた人たちとわたしの著書に書いてあるアイディアについて話すことを楽しんでいました。

自分の声をテープに録音し、あとで聞いたときはじめて、それまで気づかなかったことを自覚したのです。わたしはあまりに早口すぎました。実際、あまりに早すぎて、伝えたい要点が、視聴者や聴取者に雪崩《なだれ》のように投げかけることばのなかに

ポジティブ思考

埋もれてしまっていることがわかりました。自分の弱点を自覚することは、それを克服する第一歩でした。

わたしはお気に入りの書店へ行って、効果的なコミュニケーションに関する本を五冊買いました。さらに、世界の一流講演者のスピーチが録音されているオーディオカセットもひとそろい注文しました。全国講演者協会にも入りました。最後に、なにかを教えてくれそうなメディアのパーソナリティたちに電話をかけて、簡単なランチに招待したのです。全員がこころよく応じてくれました。それから数週間、テレビやラジオでの話し方を必死に勉強したおかげで、もっと効果的にメッセージを伝えることができるようになりました。

そのうえ、弱点を自覚すれば、つまり弱点に注意をはらえば、より多くの解決策が見つかることもわかりました。

たとえば、コミュニケーションを取りやすくするにはゆっくり話す必要があるとわかったとたん、そのテーマに関するセミナーの新聞広告に気づきはじめたのです。書店の棚にふさわしい本がならんでいることにも気づき、コーチしてくれる人たちを見つけることができました。

ですから、このさき数週間、あなたの弱点についてじっくり考え、それらを、あなたの生き方に豊かさとエネルギーをもたらす力に変えるという誓いをたててください。

ポイント・メモ

29

〝理想の隣人リスト〟をつくる

わたしが自己認識の探究とともにやってきたことのひとつに、となりに住んでもらいたい人たちのリストづくり、というのがあります。過去と現在の人びとで、たまにたずねていっしょにお茶を飲んだり、笑い合ったりしたいものだと思っています。

〝理想の隣人〟のリストをつくることによって、あなたはもっとも尊敬する人びとの価値や人柄の多くとつながりができるでしょう。そうなれば、あなたは人間としての自分自身についてさらに多くのことを発見できます。人生の三十分のすごし方としては、楽しいものでもあるでしょう。

わたしのリストにのっている何人かをあげておきましょう。

＊ノーマン・ヴィンセント・ピール。『積極的考え方の力――ポジティブ思考が人生を変える』の有名な著者。
＊ヘンリー・デイヴィッド・ソロー。アメリカの偉大な哲学者で、わたしのお気に入りの一冊、『森の生活（ウォールデン）』の著者。
＊バルタサール・グラシアン。スペインでもっとも偉大な作家のひとりになった、イエズス会の学者。
＊ビリー・ホリデイ。偉大なジャズ・シンガー。
＊ネルソン・マンデラ。自由の戦士。
＊オグ・マンディーノ。古典となっている『A Better Way to Live（よりよい生き方）』や『成功大学』の著者。
＊マザー・テレサ。尊敬を集めている人道主義者。
＊リチャード・ブランソン。ヴァージン・グループを築いたイギリスの大物実業家であり、冒険家。
＊ピエール・エリオット・トルードー。はなやかなカナダの元首相。
＊マイルス・デイヴィス。伝説的なジャズ・トランペット奏者。

ポジティブ思考

＊モハメド・アリ。ボクシングの元世界チャンピオン。
＊ベンジャミン・フランクリン。高名な政治家。

いますぐ時間をとって、近所に住んでほしい人たちの名前をいくつか書きとめてみてください。どういった資質が彼らを賞賛に値する人物にしているのか、そういった資質をあなた自身の人生のなかでどうやって育《はぐく》めるのかを考えてみるのです。人生のビジョンを理解する第一歩は、それを定義することです。そして、なりたいと思う人間になるための第一歩は、そのなりたいと思う人間の特徴を確認することなのです。

ポイント・メモ

30
自分専用の〝理事会〟を招集する

めまぐるしく変化するこの時代で成功するために、企業はしばしば理事会を招集することになるでしょう。波乱にとんだ時代に、もっと効率のいい決定をしてもらい、正しい方向へ導いてもらうのです。見識のある人たちに相談することによって、そういった組織はあやまちを減らし、企業の有効性を引きあげ、市場における信頼性を高めます。

わたしのクライアントのひとりは、理事会に対してちょっと異なる考え方をもっています。彼女は経験豊かな起業家で、わたしが全国で毎月ひらいているライフ・コーチング・プログラムの参加者です。

その女性の話では、黙想の時間中、彼女はペンとメモ帳をもって部屋にすわり、直面している問題を書きだすそうです。たとえば、人間関係のむずかしさだったり、

ポジティブ思考

金銭問題だったり、ときにはもっとスピリチュアルな問題だったりします。

いったん深いリラクセーションに入ると、彼女は自分だけの理事会を招集して、問題の解決に手を貸してもらいます。なにか新しい工夫ですか？　彼女の理事会のメンバーはもう生きていないのです。想像力のなかで、彼女は歴史上の偉大な思想家たちに賢明な助言をもとめるのです。

創造的な解決策が必要な問題に取り組んでいるときは、レオナルド・ダ・ヴィンチにききます。「あなたなら、どう対処なさいますか？」

もっと勇気が必要な問題に直面しているのであれば、女性飛行家の草分けであるアミーリア・エアハートにききます。「この状況で、あなたならどうなさる？」

金銭問題であれば、常識人として知られる億万長者、サム・ウォルトンにききます。「サム、あなたならこれをどうする？」

このテクニックは不思議なくらい効果があって、彼女のクリエイティブな思考能力を向上させ、騒然とした時代にあってもおだやかな気持ちでいられるのです。

あなたなら、架空の理事会にだれを呼びますか？

わたしが相談したいと思っている人びとの一部を紹介しておきましょう。

＊ベンジャミン・フランクリンには、人格にかかわる問題を指導していただきたい。
＊アルベルト・シュヴァイツァーには、他者に対する奉仕の大切さを指摘していただきたい。
＊マハトマ・ガンジーとネルソン・マンデラには、リーダーシップの問題について相談したい。
＊ブルース・リーには、自己鍛練についてアドバイスしていただきたい。
＊ノーベル賞に輝いた偉大な科学者であるマリー・キュリーには、新機軸についておききしたい。
＊ホロコーストを生き延びた有名な精神医学者、ヴィクトル・フランクルには、逆境をどうしのぐかについて指導していただきたい。

31 「愛のむち」を実践する

成功した有意義な人生に見られるすばらしい特徴は、自己鍛錬です。鍛錬すれば、やらなければいけないと思っているのになかなかやる気になれないことが、すべてできるようになります。自己鍛錬しなければ、はっきりした目標をさだめ、時間を有効に使い、他人に親切にし、つらい時期を乗りきり、健康を気にかけ、ポジティブな思考をすることはできません。

わたしは自己鍛錬の習慣を「愛のむち」と呼んでいます。というのも、自分にきびしくなることは、じつはきわめて愛のこもった行為だからです。わが身に厳格になれば、もっと慎重に人生を送るようになります。特定の日の流れに身をまかせて漂う木の葉のように人生に対処するのではなく、自分の思うままに生きることができます。わたしがセミナーで教えているように、自分にきびしくなればなるほど、人生はずっと快適になります。

結局のところ、人生の質は選択と決断の質によって決まるのです。その範囲は、あなたが選んだ職業から、あなたが読む本、毎朝起きる時間、一日のなかで考えごとをする時間にいたるまで、多岐にわたっています。正しいと思っている選択（楽な選択ではなく）をすることでつねに意志の力を示せば、人生をふたたびコントロールできるようになります。有能で、存分に力を発揮できる人びとは、いちばん都合がよくて楽なことに時間をついやしたりしません。彼らは心の声に耳をかたむけ、賢いことをする勇気をもっています。そういった習慣を身につけることによって、すばらしい人物になるのです。

「成功した人びとは、失敗した人びとがやりたがらないことをやる」エッセイストで思想家のE・M・グレイは、そういっています。「当然、彼らもそういったことをやりたくはない。だが、目的という力の前では、やりたくないという気持ちは二の次になる」。

十九世紀のイギリスの生物学者、トマス・ヘンリー・ハクスリーは、おなじような結論に達して、こう書いています。

ポジティブ思考

「あらゆる教育のなかでもっとも大切な成果は、好むと好まざるとにかかわらず、やるべきときに、やらなければならないことをする能力を身につけることだろう」

そして、アリストテレスは、この英知についてさらに違う表現をしています。

「なにかをすることを学ぶとき、われわれは実際にそれをすることで学ぶ。たとえば、人は建てることで建設者になり、ハープを奏でることでハープ奏者となる。おなじように、われわれは正しい行為をすることによって正しい人間になり、みずからを律することによって自制心が身につき、勇気ある行動をとることによって勇敢になる」

ポイント・メモ

32

心が元気になるマントラを唱える

もう何年も前、わたしは訴訟弁護士をしていました。成功にともなう物質的な虚飾はいくらでもあったのですが、内面的なやすらぎはほとんど得られませんでした。そんなとき、ジェームズ・アレンの『「原因」と「結果」の法則』という本を読んだのです。

その本には、人間の大きな精神力がわれわれの現実を方向づけ、人生におけるしあわせや繁栄を招くことについて書いてありました。また、日常的に使うことばや言語が、もっとひらけた思考経路をつくりだすことに深い影響があるとも述べてありました。

わたしはすっかり魅了されて、知恵の書や自己啓発の本を読みあさりました。すると、日常的なコミュニケーション（他者と自分自身の両方）で使っていることばが、わたしたちの生活の質に深い影響と意義を与えていることに気づいたのです。それがわかると、われわれがみな一日中、心のなかでかわしている自分との対話のことも自覚するようになって、わたし自身に語っていることの中身を改善しようと誓ったのです。それを成しとげるために、わたしは昔の賢人が五千年以上前に考えついた戦略を応用することにしました。さまざまな意味で、それはわたしの人生を変えてくれたのです。

そのテクニックは単純で、心をきたえる簡潔なことばをひとつ選ぶだけです。一日のいろいろ異なる時間にその語句に集中すれば、それはやがてあなたの意識を支配しはじめ、あなたをべつの人間にしてくれます。

あなたが探しているのが内なるやすらぎと平穏であれば、ヒンドゥー教のマントラとして知られるその語句は、「わたしはおだやかで落ちついた人間であることにとても感謝しています」になるかもしれません。

自信をもちたいのであれば、マントラは、「わたしは自信とかぎりない勇気にあふれていることを喜んでいます」になるでしょう。

物質的な繁栄をもとめているのであれば、「わたしの人生にお金と機会が流れこんできたことにとても感謝しています」になるかもしれません。

職場まで歩いたり、列にならんだり、皿を洗ったりする、あまり生産的でない時間を埋めるために、生活を改善してくれる強い力をこめて、小声でそっとマントラを唱えるのです。少なくとも一日二百回、四週間にわたって、あなただけの語句を繰り返してください。人生がもとめるやすらぎ、繁栄、目的を見つけるための大きな一歩を踏みだすとき、結果は意味深いものとなるでしょう。

インドの音楽家で宗教家のハズラト・イナーヤト・ハーンは、こういっています。

「魂に光をそそいでくれることばは、どんな宝石より貴重である」

ポイント・メモ

33 英知を与えてくれる本を読む

わたしの本を読んだり、オーディオカセットを聴いたりしてくれた人と会って、「とても感動して、希望がわいてきましたので、生活改善の本をさらに十冊買って、すべて読みました。おかげさまで、見ちがえるほど変身したんですよ」

といっていただけることほど嬉しいことはありません。

わたしは人生のリーダーシップに関する本を書いているだけでなく、そういった本の熱心な読者でもあります。大きな書店で長い時間をすごし、教え導いてくれそうな最新の宝物を探します。古本屋にもよく行って、わずか数ドルでもっとも貴重な本の何冊かを手に入れました（この文章を書いているいま、デスクのうえにはマクスウェル・マルツの古典、『自分を動かす――あなたを成功型人間に変える』がありますが、まだ二ドル九十五セントの値札が貼ってあります。値がつけられないほど貴重なセネカの『禁欲主義者からの手紙』もありますが、これはわたしの父が一ドル九十五セントで買ったものです)。

ほぼどんな本でも心を豊かにしてくれますが、やることが多すぎる世の中では、読む本を選ばなければなりません。ヘンリー・デイヴィッド・ソローが〝英雄を描いた本〟——〝記録された人間の思想のなかで、もっとも気高いもの〟がふくまれている本——と呼んでいるものに、多くの時間をついやすことをお勧めします。

偉大な哲学者たち、たとえばエピクテトスや孔子の作品を読んで、深く心にきざみこんでください。アルフレッド・テニソン、エミリー・ディキンソン、ジョン・キーツといった最高の詩人たちの詩、レオ・トルストイ、ヘルマン・ヘッセ、ブロンテ姉妹の小説を熟読してください。マハトマ・ガンジー、アルバート・アインシュタイン、マザー・テレサの書いたものを読んでください。一日数分でもそういった作品に接すると、あなたの人格はいずれ大きな影響を受けるでしょう。

トーク番組のスーパースターであるラリー・キングは、あるインタビューで、生涯でもっとも悔やまれることをきかれ、こう答えています。

「偉大な本からもっと学んでおくべきだった」

ポジティブ思考

つぎにあげる〝英雄を描いた〟本は、わたし自身の生活を変え、もっと計画的に申し分なく生きる英知とインスピレーションを与えてくれました。すべてを読み、書かれている教訓を実践すれば、あなたは状況を大きく改善せざるをえなくなるでしょう。

『禁欲主義者からの手紙』　セネカ著
『マスターの教え』　ジョン・マクドナルド著
『自省録』　マルクス・アウレリウス著
『ベンジャミン・フランクリン自伝』
『成功大学』　オグ・マンディーノ著
『信念の魔術』　クロード・ブリストル著
『シッダールタ』　ヘルマン・ヘッセ著
『自分を動かす――あなたを成功型人間に変える』　マクスウェル・マルツ著
『眠りながら成功する』　ジョセフ・マーフィー著

『「原因」と「結果」の法則』　ジェームズ・アレン著
『フロー体験　喜びの現象学』　ミハリ・チクセントミハイ著
『思考は現実化する』　ナポレオン・ヒル著
『「成功おじさん」の最優先ルール』　チャーリー・トレメンダス・ジョーンズ著

驚くべきテクノロジーのおかげで、わたしたちのウェブサイトでわたしの愛読書をもっとくわしく見ることができます。
（www.robinsharma.com）

ポイント・メモ

34

「集中的な読書」をする

人生から最善のものを手に入れるためには、徹底的に現在を生きて、毎日、毎時間、毎分、心をくばっていなければなりません。アルベール・カミュが書いているように、「未来に対する真の寛大さは、現存するものにすべてを与えることにある」のです。

しかし、ほとんど毎日、わたしたちの心は同時に違う十カ所に行ってしまっています。職場へ歩いていくことを楽しまずに、オフィスに着いたらボスになんといわれるか、ランチになにを食べようか、きょう、わが子たちは学校でなにをするのだろう、などと考えています。わたしたちの心は走りまわる小犬、あるいは東洋でいう鎖につながれていない猿のようなもので、休んで落ちつくことがなく、あちこち駆けまわっているのです。

いまという瞬間を自覚し、しっかりと集中することによって、生活のなかではるかに落ちつきが感じられるようになるだけでなく、豊かな心の潜在能力を解き放ってやることもできるのです。あまりに多くのことに気を向けてしまうと、あなたの心の力はさまざまな方向に分散してしまい、レーザー光線のように一点に集中できません。これは朗報ですが、訓練をすれば現在に対して注意深くなることができ、比較的みじかいあいだにその技術を伸ばすことができるのです。

猿のように落ちつきのない心をなおす最善の方法のひとつを、わたしは「集中的な読書」と呼んでいます。心がページをはなれ、とりとめのない空想や心配ごとのほうへさまよってしまうたびに、ページの余白にチェック・マークを書き入れるのです。その単純な作業をするだけで、あなたの注意力がいかに散漫であるかの自覚ができて、もっとおだやかで落ちついた心を手に入れるために必要な技を身につける役に立ってくれるでしょう。

35

心を奮《ふる》いたたせる引用句を集める

わたしの著書をお読みになった方なら、わたしが世界の偉大な思想家の引用句を使うのが好きなことをご存じでしょう。わたしの書いた原稿を読んでくれた指導者のひとりに指摘されるまで、どうしてそれほど好きなのかがわかりませんでした。彼はこういったのです。

「きみが引用句を好きなのは、わたしとおなじ理由だよ、ロビン。偉大なる引用句は、一行のなかに豊富な知恵をふくんでいる」

本を読んでいると、これだ、と思う引用句に出会うことがしばしばあります。そこには、わたしが直面している問題の理想的な答えがあるのです。わたしの指導者のいうとおりでした。偉大な引用句に価値があるのは、多くの英知がふくまれているからです。創作者がその一、二行にたどりつくには、長い歳月を要したかもしれない英知が。

これから二、三週間かけて、あなた自身の引用句を集めてください。人生に不意をつかれたときの対処法について瞬時のインスピレーションや忠告が必要なときに、いつも参考にできることばを見つけるのです。

わたしが引用句を使うもうひとつの効果的な方法は、一日のうちでかならず見る場所に貼っておくことです。たとえば、バスルームの鏡、冷蔵庫の扉、車のダッシュボード、オフィスのいたるところに。そういったシンプルな訓練をしていれば、多忙なときには本質的なことに、試練のときにはポジティブなことに集中できますし、成功の原則に重点をおくことができます。

いま、わたしのパソコンには、偉大な指導者、思想家、詩人、哲学者たちの何百という引用句が入っています。テーマは、逆境への対処法、人生の意味、自己改善の価値、他人を助けることの大切さ、わたしたちの思考の力、強い意志をもつ必要性など、さまざまです。

「不満・くすぶり」から能力開花へ

わたしたちのなかでもっとも弱い人間でも、才能《ギフト》をもっている。たとえ取るに足りなく見えても、それはその人固有のもので、ふさわしい使い方をすれば、人類にとってもすばらしい贈り物《ギフト》となる。（ジョン・ラスキン）

人生において、わたしは一日たりとも労働などしたことがない。なにをしても、楽しくてしかたなかったのだから。

（トマス・エディソン）

36

眠っている才能を揺り起こす

ジャーナリストのノーマン・カズンズはかつて、

「人生の悲劇は死ではなく、生あるうちに自分のなかでなにかが死に絶えることです」

といいました。おなじような趣旨で、人類学者のアシュリー・モンタギューは、

「人間がこうむっている最大の敗北は、なれたかもしれない存在と実際になった存在のあいだの相違で構成されている」

と書きました。


ただ存在しているのと、真剣に生きているのは違います。ただ生きつづけているのと、きちんと成長しているのは違います。悲しいことに、ほとんどの人は自分のなかにある人間的な才能を見失っており、生涯最良のときを家でテレビを見てすご

すことにあまんじているのです。

講演をするとき、わたしはしばしば古代インドの神話を引用して、われわれのなかには多くの可能性と能力が眠っていて、日をあててやりさえすれば目をさますことを聴衆に気づいてもらうようにしています。

何千年も前、地上を歩く者はすべて神であると信じられていました。しかし、人間がその無限の力を悪用したので、最高神は、その神性、つまりあらゆる可能性の根源を隠して、だれにも見つけられないようにすることにしたのです。そこで、そういったものをどこに隠すか、という問題が生じました。

第一の忠告者が、地中深く埋めることを提案すると、最高神は、「いや、いずれだれかが掘って、見つけてしまうだろう」と答えました。

すると第二の忠告者が、「その神性をいちばん深い海の底に沈めてはいかがでしょう？」といったのです。それに対して最高神は、「いや、いずれだれかが潜って、見つけてしまうだろう」と答えました。

すると第三の忠告者が口をはさみ、「では、いちばん高い山の頂においたらいかがでしょう？」といったのです。最高神は、「いや、いずれだれかがその山頂に登り、見つけてしまうだろう」と答えました。しばらく考えていると、最高神は解決策を思いつきました。

「すべての人間の力、可能性、目的の源を、地球上にいるあらゆる男、女、子どもの心のなかにしまってしまおう。なぜなら、彼らはけっしてそこを探そうとはしないからだ」

北アメリカ中の組織で働いている人びとと仕事をしていると、おなじものが見えます。〝あまりに多くの人びとが、自分の力を伸ばすのではなく、弱点ばかりに焦点を合わせて時間をすごしています〟。自分にないものに集中するあまり、彼らは自分がもっている才能を軽んじています。

わたしたちの先達である偉人はすべて、成功を確実なものにしてくれるシンプルな戦略をもっていました。彼らは自分自身を知っていたのです。時間をつくり、自分の中心にある能力——彼らをユニークな存在にしている特別な資質——についてじっくり考え、残りの人生は、それらに磨きをかけて、伸ばしていきました。

いいですか、わたしたちは天才になる可能性を与えられているのです。あなたは、自分がどんな才能をもっているかをまだ発見していないだけかもしれません。才能に磨きをかけていないので、まだすばらしいと認められていないだけかもしれません。

あなたは自分のなかにある長所を最大限に利用していますか？　していないなら、自分自身に害を与えているだけでなく、世界と、そこに住んであなたのユニークな才能の恩恵にあずかれるすべての人びとにも害を与えているのです。

イギリスの社会思想家であるジョン・ラスキンは、こんなふうにいっています。

「わたしたちのなかでもっとも弱い人間でも、才能《ギフト》をもっている。たとえ取るに足りなく見えても、それはその人固有のもので、ふさわしい使い方をすれば、人類にとってもすばらしい贈り物《ギフト》となる」

ポイント・メモ

37

仕事を愛する

長くしあわせな人生を送るための時代を超えた秘訣のひとつは、自分の仕事を愛することです。歴史上もっとも満ちたりた人びとの人生に見られるすばらしい特徴は、彼らの全員が生活をするための手段を愛していたことです。

百人のクリエイティブな人びとにインタビューした心理学者のヴェラ・ジョン＝シュタイナーは、彼らにはひとつの共通点があることに気づきました。仕事に対してはげしい情熱を燃やしていたのです。仕事についやしている日々が、働きがいがあって、知的なチャレンジで、楽しいものであるならば、世界中の温泉リゾートに行くより、あなたの精神を高揚させ、心を魅了してくれるでしょう。

トマス・エディソンは、蓄音器、白熱電球、マイクロフォンから映画にいたるまで、生涯で千九十三の特許を獲得しました。その彼が、人生の最後に、自分の輝か

自己実現

しい経歴についてこういっています。

「人生において、わたしは一日たりとも労働などしたことがない。なにをしても、楽しくてしかたなかったのだから」

仕事を愛すれば、人生でもう一日たりとも労働をする必要がないことがわかります。あなたの仕事は遊びになり、時間はまたたく間にすぎてしまうでしょう。小説家のジェイムズ・ミッチェナーはこう書いています。

生活の技の達人は、仕事と遊び、労働と余暇、情報とリクリエーション、心と体、人生と宗教を、あまりはっきり区別していない。ほとんど区別がつかないのだ。なにをするにせよ、彼はすばらしいビジョンを追いかけているだけで、仕事をしてるのか遊んでいるのかの判断は他人にまかせている。本人にしてみれば、いつも両方をしているのだ。

38

自分の仕事にもっと高い価値を見いだす

わたしのお気に入りの雑誌のひとつに、『ファスト・カンパニー（伸びる企業）』というビジネス誌があります。ビジネスの新しい世界に、さわやかで人間的な風を送りこんでいます。最近の号では、ゼロックス社パロアルト研究所の所長であるジョン・シーリー・ブラウンが、考えさせられることをいっていました。

「今日のリーダーシップの仕事は、ただ金を稼ぐだけではなく、意味をつくりだすことだ」

かつて、ほとんどの人は、なんとか暮らしていけるだけの仕事につければ満足していました。でも、いまのわたしたちは、仕事にもっと多くのことを望みます。満足、クリエイティブなやりがい、成長、喜び、自分自身よりもっと重要なもののために生きているという実感をもとめているのです。ひとことでいえば、わたしたち

自己実現

は意味を探しています。

仕事のなかにもっと高い意味を見つける最善の方法のひとつは、クリエイティブな質問をするテクニックを使って、あなたの仕事がまわりの世界に与えているインパクトを知ることです。たとえば、つぎのようなことを自問してください。

わが社が提供している製品とサービスは、最終的にだれのためになるのだろう？

わたしの日々の努力は、どんな変化をもたらすのだろう？

そういったことを自問すれば、いまたずさわっている仕事とあなたが触れ合うさまざまな人の人生が結びついていることに、気づくようになるでしょう。

あなたが教師なら、職場でのおびただしい変化だけに注目するのはやめて、毎日教室に入るたびに、若い心を育てるという恩恵にあずかっていることを思いだしてください。そこには、あなたを頼りにしている子どもたちと家族がいるのです。

あなたがファイナンシャル・アドバイザーなら、あなたのサービスは人びとの早期退職、念願の家づくり、夢の実現を手伝っていることを忘れないでください。

あなたが保険の専門家なら、人びとの暮らしに安全をもたらし、いざというときに手助けをしていることを思いだしてください。あなたが小売店員なら、あなたの仕事がいかに人びとに奉仕し、商品がいかに彼らの暮らしに喜びを提供しているかを考えてください。

あなたの仕事がもっている付加価値とあなたの貢献に心を集中すれば、満足とモチベーションのレベルが飛躍的にあがるでしょう。ほかの人の人生を向上させたいという願いほど、人間の精神を高揚させるものはありません。マハトマ・ガンジーはそのことを知っていました。ネルソン・マンデラも知っていました。マザー・テレサも知っていました。わたしがお勧めしているちょっとした意識変革で、あなたの生活にまったくあらたな喜びがもたらされるでしょう。

ポイント・メモ

39

いま以上に自分の価値を高める

いまの新しい経済のなかでは、いかに勤勉に働くかではなく、まわりの世界にどれだけの価値を付加できるかによって報酬がきまります。

よく考えてみてください。いま、二十ドルの時給をもらっているなら、その額は、六十分間デスクについていたからではなく、その六十分のあいだに、はっきりそれとわかる二十ドル分の価値を付加したから支払われるのです。つまり、あなたが受けとる金銭的報酬は、何時間働くかではなく、どれだけの価値を付加できるかによって決まるということです。

だから、脳外科医のほうがマクドナルドの店員よりはるかに報酬がいいのです。脳外科医のほうがすばらしい人間なのでしょうか？　かならずしも、そんなことはありません。脳外科医のほうが勤勉に働きますか？　おそらく、そんなことはないでしょう。脳外科医のほうが頭がいいですか？　それはだれにもわかりません。

でも、ひとつだけはっきりしていることがあります。脳外科医のほうがマクドナルドの店員よりはるかに多くの専門知識があり、特定のノウハウをもっています。脳外科医とおなじことをできる人はきわめて少なく、その結果、脳外科医のほうがマーケットではるかに高い価値を認められているのです。ですから、脳外科医はハンバーガーを焼いている人の十倍以上の報酬を得ているのです。

金銭は文字どおり、それぞれの人間が全体として世の中にどのくらいの価値を付加しているかのシンボルになります。

仕事をしてもっといい報酬を得るためには、世の中にもっと価値を付加しなければなりません。世の中に価値を与えはじめる最善の方法は、もっと価値のある人間になることです。ほかのだれにもない技術を身につけてください。ほかのだれも読んでいない本を読んでください。ほかのだれも考えていないことを考えてください。

つまり、ことばを換えると、いまのあなたのままでは、ほしいもののすべては手に入らないでしょう。人生にさらに多くをもとめるのであれば、あなたは人生のなかでいま以上の人間になる必要があります。

40

いちばんなりたい人物のようにふるまう

ある研究によれば、行動は思想に影響を与えるそうです。うなだれ、猫背になって、自信をなくした人のまねをしていると、やがてあなたは自信をなくしはじめます。

それにひきかえ、ほほえみ、声をあげて笑い、頭をあげてまっすぐに立っていれば、最初はあまりいい気分ではなかったとしても、すぐにずっといい気分になっている自分に気づくことでしょう。

この情報を利用すれば、〝うまくいくまで、そのふりをする〟ことができます。ことばを換えれば、なりたい人物のふりをすることができるわけです。きわめて情熱的な人物のように、あるいは自信満々の人のようにつねにふるまっていれば、やがてそういった人たちの態度が身につくでしょう。

〝いちばんなりたい人物のようにふるまう〟テクニックの力は、スタンフォード大学の心理学者チームの研究によって実証されています。彼らは、情緒が安定している学生たちを無作為にふたつのグループに分けて、刑務所とおなじ環境のもとにおきました。第一グループは看守としてふるまうように指示され、第二グループは被収容者のまねをするようにいわれたのです。

この実験によって、グループのメンバーの行動があまりに劇的な影響を受けてしまったので、心理学者たちはわずか六日で実験を中止せざるをえなくなりました。〝被収容者たち〟はひどく落ちこんでヒステリックになり、泣きわめく発作に襲われるいっぽうで、〝看守たち〟は残酷で冷淡な態度を取りはじめたのです。

この実験が立証しているように、〝なにかのふりをする〟テクニックは、行動を修正し、なりたいと思っている人物に変身するには、きわめて効果的な方法です。

41 「ヒーロー・リスト」をつくる

ジョン・グアーレの戯曲『あなたまでの六人』（映画は『私に近い6人の他人』）のなかで、登場人物のウイザが娘のテスと会話をしているときに、つぎのような洞察を述べるシーンがあります。

どこかで読んだんだけど、地球にいるすべての人間は、たった六人で隔てられているだけなんですって。〝六次の隔たり〟。知人の知人という連鎖をたどっていくと、わたしたちと地球にいるほかの全員のあいだには、それだけの隔たりしかないのよ。アメリカ合衆国大統領とも。ヴェニスのゴンドラの船頭とも。だれだっていいの。わたしたちがそんなに近い存在だなんて、なんだか元気が出てくるわね。だって、正しい六人を見つけるだけで、結びついてしまうんだから。すべての人が新しいドアで、違う世界につながっているっていうのは、とても深遠な考えね。わたしとこの地球上にいるほかの全員とのあいだには、六次の隔たりがある。でも、その正しい六人を見つけるのがむずかしいのよ。

ウイザのいうとおりです。あなたとわたしが、この地球上にいるほかの人たちから せいぜい六人で隔てられていると考えると、なにか深遠なものを感じます。ウイザがいっているむずかしい問題――あなたとあなたがたどりつきたい人物を結びつけてくれる、正しい六人を見つけだすこと――に関しても、まさにそのとおりです。

わたしは、「ヒーロー・リスト」と呼んでいるものをつくってみました。死ぬまでにぜひ会ってみたい百人の男女のリストです。「引き寄せの法則」によれば、わたしたちは心を集中しているものを引き寄せるそうですから、この「ヒーロー・リスト」は、わたしがもっとも尊敬している人びとと結びつく手助けをしてくれるでしょう。「六次の隔たり」の法則のおかげで正しい人びとの連鎖を見つけることができ、会いたい人に会えたことは一度ならずあります。

いつも驚くのですが、わたしのリストにのっている人たち――有名人、ビジネス・

リーダー、プロの講演者など——と、しょっちゅう空港ですれちがったり、おなじ会場でスピーチをしたり、たまたまおなじ店でランチをとったりします。ヒーローを書きだすという行為そのものが自覚をうながして、彼らが近くにくると、そっと教えてくれるのかもしれません。

ポイント・メモ

42

「ゴール・カード」を持ち歩く

わたしは何度となく見ていますが、活躍している成績優秀な男女は、小さなゴール・カードを財布にしまって持ち歩いており、一日のくつろげる時間になるとそれを取りだし、おさらいしています。カードには、大切な人生のゴールがいくつか書いてあり、いつまでにそれを達成するかも書かれています。個人的なものであれ、仕事上のものであれ、スピリチュアルなものであれ、最優先事項を再確認するという訓練は、賢明な方法です。

フランスの思想家、ミシェル・ド・モンテーニュは、

「われわれの偉大で栄光ある傑作とは、ふさわしく生きることである」

といっています。人生の英知が簡潔に表現されたことばです。

にもかかわらず、ほとんどの人は長い防空演習をしているかのような人生を送り、

自己実現

その一瞬は大切そうに思えても、人生全体のなかではあまり重要ではないことに日々追いまくられています。わたしが著作のなかで書いたように、なんでもやろうとする人間は、最終的にはなにも達成できません。

ゴール・カードを持ち歩いて、一日に三、四回読み返せば、ほんとうに大事なことに心を集中していられるでしょう。ゴール・カードは、ゴールを達成する活動だけに集中するために必要な自制心を育ててくれ、ほかのすべてのことには「ノー」といえる訓練をしてくれます。そうなれば、ふたたび一日一日に集中することができます。

人生でもっとも価値があることだけに集中して追求すれば、かならずや大いなる喜びのなかで人生を終えられることをお約束します。

ポイント・メモ

43

個人コーチにつく

個人および仕事上の能力を向上させ、長所をあらたなレベルにまで伸ばすためのもっとも効果的な方法のひとつは、あなたをコーチしてくれる指導者を見つけることです。

仕事と人生における成功は、〝点をつなぐ〟プロセスです。ほかの人たちが結果を出したときに役立てた習慣、訓練、戦略を見つけだし、彼らの行動をまねして点をつなぐだけでいいのです。彼らが歩いた道を、その順番どおりにたどっていけば、かならずおなじ結果が得られるでしょう。個人コーチはあなたの道を照らし、つらいときには励まし、学習にかかる時間を何年も短縮してくれます。

わたしの場合は、多くの指導者に恵まれてきました。効率的な生活を送るための基礎を教えてくれ、岐路に立ったときには正しい方向を示してくれた人たちです。

自己実現

そういった特別なアドバイザーを見つけられたのは、尊敬している人びとに、英語のなかでもっとも効果的な質問のひとつをしたからです。

わたしは、「助けていただけますか?」とききました。

声をかけただれひとりとして、知識という贈り物や経験という恩恵をさずけることを拒みませんでした。指導者の多くはわたしの大切な友人になりましたし、彼らがいなければ、いまのわたしの人生はなかったでしょう。

個人および仕事上の長所を伸ばすためのプログラムにとって、コーチングはもっとも重要な要素になりました。さまざまな職業についている人びとは、生活におけるポジティブな変化と長続きする結果を得るためには、コーチングが最善の方法のひとつであることを知っています。わたしが全国の都市で開催している月例のライフ・コーチング・プログラムのひとつで、最近、ある重役がこういいました。

「インスピレーションを与えてくれる本は、夢の輪郭をはっきりさせるのに役立ちました。あなたのコーチング・プログラムを受けていると、その夢をどうやって実現するかがきちんとわかるいっぽうで、生活のバランスを取りもどすこともできました」

44

話し方コースをとる

リーダーシップ、個人の能力、生活の向上を専門にしているプロの講演者であるわたしは、さまざまな催しに出席する恩恵に浴しています。そういった催しに招かれるのは、モチベーションを与える話術で有名なブライアン・トレーシー、経営学の第一人者であるジョン・コッター教授といった専門家や、クリストファー・リーヴといった有名俳優、『ジュエル』のようなミュージカルのスーパースターたちです。

北アメリカ、カリブ海諸国、アジアで、わたしは年に約七十五の大きな大会に行って基調講演をおこない、大勢の人びとを前にして話をします。でも、わたしの人生最大の恐怖が人前で話すことだったのを知っている人はほとんどいません。

学校に通っているころは、失敗するのを恐れて、わたしは人前で話す機会をことごとく避けてきました。先生から教室で口頭による報告をもとめられたり、ある課題について話すようにいわれたりすると、いつもなにか口実を見つけて逃げていたのです。人前で話すことに対する恐怖は自信喪失にもつながり、心のなかではできるとわかっている多くのことをしそこないました。デイル・カーネギー協会の話し方コースに参加してはじめて、わたしは変わりはじめたのです。いったん変わると、あらたな世界がひらけてきました。

それ以来、恐怖心をもっているのはわたしだけではなかったことに気づいたのです。ほとんどの人は、人前で話すことを死そのものより恐れている、という報告があります。大勢の前で話をするということは、安住してしまいがちな輪からひっぱりだされ、まったく知らない体験をすることです。

でも、人前で話す恐怖（さらにいえば、ほかのあらゆる恐怖）を劇的に減らすには、ふたつの方法があります。それは準備と練習です。話し方コースをとれば、集団の前で話をする準備をして、定期的に練習するようになるので、すぐに恐怖心は克服できて、人前で話すことがマスターできるでしょう。

45

マスターマインド同盟を築く

自己啓発のパイオニアであるナポレオン・ヒルは、『思考は現実化する』のなかで、読者に向かって、人生の質を改善し、ほしいものを手に入れたいのであれば、〝マスターマインド〟グループをつくりなさい、と勧めています。

彼はマスターマインド同盟を、「明確な目標を達成するための二人ないしはそれ以上の人たちによる、調和された知恵と努力の協力関係」ということばで定義しています。ヒルはさらにこういっています。

「ふたつの心がひとつにまとまるとき、見ることも触れることもできないもうひとつの心が生まれる。それが第三の心だ」

わたしが個人的にコーチをしたり、セミナーでお会いしたりする成功者の多くが、仕事および個人的な理想の人生を築く力を貸してくれるのはこれしかない、と話してくれるものがあります。それは、独自のマスターマインド同盟を築くことです。そうすることによって、個人的な支援ネットワークとすばらしい友情が発展するだけでなく、ふつうは入手できない専門知識や蓄積された知恵を利用することができます。

自分自身のマスターマインド同盟を築くためには、あなたがなにかを学べそうで、グループのほかの人と協調できそうな三、四人を見つけてください。この同盟は相互利益が目的ですから、あなたは受けとるものと同等のものを返さなければなりません。

有望なメンバーに接触して、週に一度のミーティングから始めてください——メンバーがグループへの献身を示せるので、早朝のミーティングがいちばんいいでしょう。

テクノロジーの発達によって、直接会う必要はなくなりましたが、ときには一堂に会することも大切です。電話会議、電子コミュニケーション、ファクスが役に立ってくれるでしょう。決められた時間に、抱えている問題を議論したり、グループの意見をきいたりするのです。さらなるバランス、満足、内なるやすらぎをもって生きる方法とともに、望ましい結果を生んだ成功の法則や人生の教訓を繰り返し議論してください。

マスターマインド同盟は、人生というゲームをはやく学べるだけでなく、楽しく遊べる手助けをしてくれるはずです。

ポイント・メモ

意識改革 46〜55

「気分屋」から意識的な生き方へ

最大の不運のなかに、しあわせが生まれる最高のチャンスがある。　(エウリピデス)

起こるかもしれないことを恐れてびくびくしながら無関心でいるより、半分はよくない結果に終わっても、いさぎよく大胆になって危険を冒すほうがいい。　(ヘロドトス)

46

視点を変えつづける

古い話をします。

ある日、深刻な病を抱えた男性が病室に運びこまれたとき、もうひとりの患者が窓ぎわのベッドに横たわっていました。おたがいに親しくなると、窓ぎわの患者は窓から外をながめて、あとからきた寝たきりの患者に、外の世界についてくわしい話をして楽しませてあげました。病院の向かいにある公園の木々の美しさや、風におどる木の葉のようすを話してあげる日もありました。べつの日には、病院のそばを歩いている人たちがなにをしているかを少しずつ再現して、友人をなぐさめてあげました。

でも、時がたつにつれて、寝たきりの男性は友人が話してくれるすばらしい光景が見られないことに欲求不満を感じはじめたのです。ついに、彼はその友人がきらいになり、強い憎しみすらおぼえるようになりました。

ある晩、窓ぎわの患者はとりわけはげしい咳の発作にみまわれ、呼吸がとまってしまいました。もうひとりの男性はナース・コールを押さず、なにもしないことにしたのです。

翌朝、窓の外の光景について熱心に話してくれた患者は死を宣告され、病室から運びだされました。もうひとりの男性がすぐにベッドを窓ぎわに移してほしいとたのむと、担当ナースはその要求を聞き入れてくれました。しかし、窓の外に目をやった彼は、身がふるえるほど愕然《がくぜん》としました。窓は煉瓦塀に面していたのです。

彼の元ルームメイトは、想像力ですばらしい光景をつくりだし、愛をこめた気持ちで、つらいときをすごしている友人の世界をちょっとでもいいものにしてあげていたのです。無償の愛を実践していたのです。

その話のことを思いだすたびに、わたしはかならず視点を変えるようにしています。もっとしあわせで充実した人生を送るためには、困難な状況に出くわしたとき、つねに視点を変えつづけ、たえず自問しなければなりません。

「一見したところネガティブなこの状況を、もっと思慮深い、もっと前向きな目で見ることはできないだろうか?」

最高の物理学者のひとり、スティーヴン・ホーキングはこういったそうです。「われわれは無数にある銀河のひとつの周辺部に位置する、ごく平均的な小さな惑星に住んでいる」

どうですか、視点が変わりませんか?

そのことを知ってもなお、あなたが抱えているのは大問題ですか?

あなたが体験した問題や、いま直面しているかもしれない難局は、考えているほど深刻なものですか?

わたしたちがこの惑星を歩きまわれる時間は短いのです。ものごと全体の成り立ちからいえば、われわれの人生は永遠というキャンバスの上のほんの小さな点にすぎません。

ですから、人生という旅を楽しみ、そのプロセスを味わうための英知をぜひ身につけてください。

47

正直という哲学を身につける

わたしたちは約束が反故《ほご》にされる世の中に生きています。ことばが軽々しくあつかわれる時代に生きているのです。そんな時間はないとわかっているのに、来週電話をかけるから、いっしょにランチをとろう、と友人に約束します。本を貸す気などまったくないのに、同僚に、おもしろい新刊があるのでもってくると約束します。そして自分自身に、今年こそすっきりした体形にもどり、生活をシンプルにして、もっと楽しむぞ、と約束します。

そういった目標を達成するには根本から生活を変えなければならないのですが、けっして本気でやろうとはしません。

心にもないことばかりいっていると、やがてそれは習慣になります。いちばんの問題は、約束を守らないと信用をなくすことです。信用をなくせば、信頼のきずなが断たれます。信頼のきずなが断たれれば、最後にはさまざまな人間関係がつぎつぎに壊れていきます。

正直という哲学を身につけるには、一週間でいくつの小さな嘘をついたかを監視することから始めましょう。これから七日間は、わたしが〝真実のみの精進〟と呼んでいることを実行し、他人――そして自分自身――と接するときには心から正直になる、という誓いをたてるのです。

正しいことをやりそこなうたびに、まちがったことをする癖が身についてしまいます。真実を語らないたびに、嘘をつく癖が身についてしまいます。だれかになにかをすると約束したら、かならず実行してください。〝口先ばかりでなにもしない〟人間ではなく、約束を守る人間になりましょう。

マザー・テレサはこういっています。

「話すのはできるかぎり少なくしましょう。説教して聞かせても、それは人と触れ合う場にはなりません。だったら、なにをすればいいのでしょう？　ほうきを手にもって、だれかの家をきれいにしてあげてごらんなさい。そのほうがずっと雄弁なのですから」

48

失敗する勇気をもつ

過去にこだわるたびに、あなたは未来から盗んでいることになります。いろいろやっかいな問題に心の焦点を合わせるたびに、解決策を見つけることから遠ざかっているのです。起きてほしくなかったことをあれこれ考えていると、起きてほしいことが生活に入りこむ余地をせばめてしまいます。

「あなたは、あなたが一日中考えているような人間になる」

というのが時代を超えた真理であることを考えると、もういちど繰り返したいのでないかぎり、過去のできごとや失敗をくよくよ心配しても意味がありません。

そうではなく、過去から学んだ教訓を生かして、まったくあらたなレベルの認識と悟りを手に入れてください。

人生最大の失敗は、人生最大の好機になるのです。古代ギリシアの三大悲劇詩人のひとりであるエウリピデスは、こういっています。

「最大の不運のなかに、しあわせが生まれる最高のチャンスがある」

どうして自分だけが、と思えるくらい不公平な困難に苦しんだのであれば、あなたはその試練をとおして得た英知が必要になる、もっと大きな目的をはたす準備ができているのかもしれません。そういった人生の教訓を、将来の成長に役立てましょう。しあわせな人たちも、不幸な人たちとおなじくらいの逆境を体験している場合が多いのです。彼らがほかの人よりきわだっているのは、記憶をうまく整理して、生活を向上させられるだけの分別をもっているからです。

あなたがほかの人より失敗が多いのであれば、他人より申し分のない人生を送れるチャンスが十分にある、ということを理解してください。他人より危ない橋をわたり、あえてさらなる危険に立ち向かう人物は、当然、失敗もそれだけ多くなります。

でも、わたしとしては、まったくなにもしないよりは、失敗してもいいからなにかをする勇気をもちたいと思います。残る人生の日々、居心地がよく、安全で、平凡な暮らしを送るよりは、人間としての自分の限界をひろげ、一見したところ不可

意識改革

能に思えることを可能にするほうがずっと好きです。それこそ、真の成功の本質でしょう。

ギリシアの歴史家、ヘロドトスが賢くもいっているように、「起こるかもしれないことを恐れてびくびくしながら無関心でいるより、半分はよくない結果に終わっても、いさぎよく大胆になって危険を冒すほうがいい」のです。

あるいは、奴隷から身を起こした黒人指導者、ブッカー・T・ワシントンはこういっています。

「成功とは、人生において得た地位によって測るのではなく、成功するために乗り越えた障害によって測るべきことを学んだ」

ポイント・メモ

49

気分を乗り越える

人生の大部分において、わたしは思考をコントロールすることはできないと信じていました。思考というのは無意識のうちに思い浮かび、好き勝手なことをするのだと思っていたのです。なお悪いことに、自分は思考そのものであると信じていました。ありがたいことに、まったくそうではないことに気づきました。

わたしたちはわたしたちの思考そのものではありません。そうではなく、わたしたちは思考を考える人なのです。心を流れる思考を創造しているのです。つまり、その気になれば、わたしたちは思考を変えることができるのです。

この一見あきらかな洞察は、わたしにとってはひらめきでした。すぐに、自分が思い浮かべる考えや、われわれが起きているあいだじゅう自分自身とかわしている会話のことを、いままでよりずっと意識するようになりました。そういった自覚は、思考を変えるための第一歩でした。

わたしはそれから何カ月もかけて心の訓練をし、ポジティブで、インスピレーションを与えてくれて、啓蒙してくれる思考だけに集中しました。そのさい、わたしの生活の外の状況が変わるのがわかりました。

あなたが自分自身の思考そのものではないように、あなたはあなたの気分そのものでもありません。あなたは自分が経験する気分を創造しているのです。その気分は一瞬にして変えることができます。

その気になりさえすれば、ストレスのときにもやすらぎを、悲しみのときにも喜びを、疲れきっているときにもエネルギーを感じることができるのです。

ポイント・メモ

50

インスピレーションを重んじる

有名な発明家のトマス・エディソンは、つぎのような名言でよく知られています。

「天才は一パーセントのインスピレーションと九十九パーセントの努力《パースピレーション》である」

成功と充実感にあふれた生活を手に入れるには勤勉さは不可欠だと思ういっぽうで、インスピレーションや世の中をよくすることに貢献したいと思う気持ちをつねにもっていることは、もっと重要な条件ではないかと思います。

世界の偉大な天才たちはみな、ほかの人たちの人生を豊かにしたいという願いに駆りたてられ、突き動かされていました。彼らの人生を学べば、ほとんどの場合、その願いが強迫観念に近いものになっていたことがわかるでしょう。彼らはそういった願いに夢中になり、心のすべての細胞を占領されていました。エディソンは自分の頭のなかにある画面で見た映像に駆りたてられて、それを現実のものにしようと思ったのです。ポリオ・ワクチンを発見したジョナス・ソークは、その難病に苦しんでいる人びとをどうしても助けたいと思っていました。そして、マリー・キュリーは、ラジウムの発見を通じて人類に役立ちたいと願っていたのです。

ウッドロー・ウィルソン元大統領はこういっています。

「あなたがたはたんに生計を立てるためにここにいるのではありません。よりよいビジョンをもって、希望となにかを成就しようとするよりすぐれた精神をもって、世界の人びとがもっと十分な暮らしを送れるようにするべく、あなたがたはここにいるのです。あなたがたは、世界を豊かにするためにここにいるのです。そして、その使命を忘れれば、自分自身を貧しくしてしまうでしょう」

自分の生活のなかで、あなたはどのくらいのインスピレーションを得ていますか？　月曜日の朝、ベッドから跳び起きていますか？　それとも、全身に虚脱感をおぼえながら横たわっていますか？

あなたのインスピレーションのレベルが望ましい値より低いのであれば、自己啓発の本を読むか、モチベーションを与えるオーディオカセット・プログラムを聴いてください。崇拝している人の公開講演に行ったり、二、三時間でいいですから、あなたにとって英雄である人物の伝記を読んでください。自分のしていることに情熱を燃やしている人びと、人生から最善のものを引きだすことに打ちこんでいる人びとに時間をさくのです。
健全な量のインスピレーションが得られれば、あなたの生活はすぐにあらたな水準へと向上するでしょう。

ポイント・メモ

51

本能に耳をすます

クエーカー教徒が「静かで小さな内なる声」と呼んでいるもの、つまり、あなたの個人的な英知の源となっている「内なる指針」に耳をかたむけるのは容易ではありません。まわりの世界があなたにプレッシャーをかけて、命令にしたがわせようとしているとき、自分の太鼓の音に合わせて行進し、自分の本能に耳をすますのはむずかしい場合が多いでしょう。

でも、あなたが探しもとめている満足と豊かさを見つけるには、それらをいちばん必要としているときに、そういった直感や感性に耳をかたむけなければなりません。

年をとるにつれて、わたしは自分の本能にさらに重きをおくようになりました。おなじく、わたしたち一人ひとりのなかに眠っている直感の自然な貯えに対してもそうです。初対面の人から受ける印象や、試練のときに正しい方向へそっと押しだしてくれる内なる知恵は、仕事や私生活でさらに大きな役割をはたすようになりました。年をとるにつれて、自分の本能を信じる能力がそなわるようです。

〝目的をもって〟生きているとき、つまり、なにかを遺《のこ》したいと思って日々の活動をしているとき、わたし個人の本能が強くなることにも気づきました。正しいことをして、自然が意図したとおりに暮らしていれば、いままで気づかなかった能力が目ざめ、あなたという人間の真の姿が全面的に解き放たれるのです。

紀元前のインドの哲学者であるパタンジャリは、雄弁に語っています。

あなたがなにか偉大な目的や遠大な計画に駆りたてられたとき、あなたの思想はすべての束縛を打ち破ります。あなたの心はすべての限界を超越し、意識はあらゆる方向へと広がり、あなたは自分が新しい、偉大な、すばらしい世界にいることに気がつきます。いままで眠っていた力や能力や才能が生きいきと働きだし、自分がいままで夢にも思わなかったほどすばらしい人間であることを、あなたは発見するのです。

52

謙虚になる

謙虚さは、わたしがいちばん尊重しているもののひとつです。

「いちばん多く果実をつける木は、地面のほうへ頭《こうべ》をたれる」

わたしが成長期のころ、父がそう教えてくれました。いくつかの例外はありますが、わたしの経験でいえば真実です——いちばん多くを知る人、いちばん多くを達成した人、いちばんすばらしい人生を送った人が、いちばん頭をたれます。ひとことでいえば、謙虚なのです。

謙虚な人を前にすると、なにか特別なものを感じます。謙虚になれば、他人を敬う気持ちがあらわれますし、相手からまだまだ学ばなければいけないことを思いださせてくれます。まわりの人びとに合図を送って、「あなたがたの知識を受け入れて、おっしゃりたいことを聞いています」というあなたの意思が伝わります。

わたしは多くの有名人に会う恩恵に浴してきました。いちばんわくわくした機会のひとつは、ボクシングの元世界チャンピオンであるモハメド・アリにお会いしたときです。メディアでいわれている、気どって騒がしいイメージとは違い、じかにお会いした彼はほんとうに紳士で、謙虚さを絵に描いたような人物でした。

ロサンジェルスでお目にかかったのですが、わたしが彼にきくより、彼がわたしにきいた質問のほうが多かったくらいです。おだやかな話しぶりで、人柄をしのばせるぬくもりと品位をかもしだしていました。

モハメド・アリがわたしに教えてくれたのは、人間として大きくなればなるほど、それをあえて他人に証明する必要がなくなる、ということです。

ポイント・メモ

53 「日々の行動規範」をつくる

秋の風に舞う木の葉のように人生を送り、その日の風の向くままに動くのはたやすいことです。すばらしい人生を送るためには、もっと意図的に、慎重に、情熱的になって、ほかのだれかのいいなりにではなく、自分の思いどおりに生きなければなりません。

ほんとうの難題は、やらなければいけないことが多いので、人生に主導権をにぎられてしまい、数日はあっというまに数週間になり、やがて数カ月に、ついには数年になってしまいやすいことです。でも、わたしには解決策があります。

わたし自身は、「日々の行動規範」と呼んでいるものをつくりました。充実した人生を送るために熟慮を重ねて決定した指針で、価値、徳、誓約を盛りこんだ、たった三つの段落から成り立っています。

たとえば、最初の段落の一部はこうなっています。

「これから二十四時間、わたしには今日という日しかないので、今日という日に感謝し、一分一分を賢くきちんと使うことを誓います。人生の義務をすすめ、完璧なものを遺《のこ》すために、これから二十四時間のあいだに多くのことができます。これが最後の日になるかもしれないこと、心に音楽を残したまま死んだ偉人はいないことを、今日一日、けっして忘れません」

わたしの規範はつぎに、家族、コミュニティ、自分自身に関する、もっとも大切な価値と誓約を述べています。

一日を始めるにあたって、前述したベース・キャンプにもどっているあいだに、「日々の行動規範」を読むと、わたしの人生におけるいちばん重要なことが思いだされ、日々のあいまいなできごとのなかで忘れがちな最優先事項を再確認することができます。

「日々の行動規範」を読んだあとは、エネルギーと明確な意識が満ちあふれ、あらたな目的意識と集中心をもって世界にとびだしていける気がします。「日々の行動規範」をつくれば、あなたもきっとおなじ結果が得られるでしょう。

54

報酬だけではなく、プロセスを楽しむ

セミナーの仕事をしていると、目標を設定し、それをどうやって達成するかを教えてほしい、と頼まれることがあります。参加者に、

「どうして目標を達成することがそんなに大事なのですか?」

ときくと、

「望みがかなうと、しあわせな気分になれるからです」

という答えが返ってくることがしばしばです。

その答えにはもっともな部分もありますが——欲しいものが手に入れば、生活はそれなりに楽しくなります——でもそれは、ちょっと的はずれでしょう。

目標を設定して、それを達成することの真価は、受けとる報酬にあるのではなく、目標に到達したことで〝あなたがどんな人間になるか〟にあるのです。そのように

わかりやすい区別をすることによって、個人および仕事上の目標の達成に集中しながら、同時に人生の道を楽しむこともできます。

わたしが好きな哲学者のひとりであるラルフ・ウォルドー・エマソンは、

「りっぱに成しとげられたことの報酬は、それを成しとげたことである」

といっています。

もっと賢明なリーダーになることでも、よりよい親になることでもかまいません、そういった目標を達成すれば、そのプロセスで、あなたはひとりの人間として成長しているのです。その成長に気づかないことも多いでしょうが、まちがいなく成長しています。

ですから、目標を達成したことで得られる報酬を味わうだけでなく、目的地に着くまでのプロセスがあなたという人間を向上させたことを祝ってください。あなたは自己鍛錬を成しとげ、自分の能力に関してあらたな発見をし、さらなる潜在能力をあきらかにしたのです。そういったこと自体が報酬なのです。

55

お金を使うときに感謝する

ロンドンへ行ったら、フォイルズ書店をたずねてみてください。街でいちばん古い書店のひとつです。わたしは世界中の書店を訪れていますが、この書店のほこりっぽい棚をゆっくりながめているときほど、珠玉の作品を発見できる機会はありません。わたし自身が自己啓発の本の熱心な読者であるので、たいていそういった関係の棚に足が向いてしまいます。

いつも探すのは、生活の技に関するあらたな洞察を与えてくれて、わたしの人生の質を向上させてくれる、あまり知られていない本です。

二、三年前、わたしは『*Bring Out the Magic in Your Mind*（あなたの心の魔法を花ひらかせる）』という本を見つけました。ほぼ三十年前、〝世界最高の心のマジシャン〟として知られていた、アル・コーランという男性が書いたものです。「富の秘密」という章には、つぎのように書いてあります。

「お金を使うときは、つねに感謝することを忘れないでください。これに触れるすべての人びとに幸あれとたのみ、飢えた人びとには食べ物を、裸の人びとには服をもたらし、自分の手もとには百万倍になってもどってきなさいと命じるのです。あまり軽く考えないでください。わたしはまじめにいっているのです」

これから二、三日、アル・コーランの忠告にしたがって、どうなるか見てみてはいかがですか？　食料品を買うとき、その食料をあなたのもとへもたらしてくれたすべての人びとに黙って感謝するのです。食料を育ててくれた農家の人たち、運んでくれた人たち、仕入れてくれた店の人たちに。

子どもの教育費を小切手で払うとき、毎日、子どもたちの心を形成するために努力しているすべての教員たち、それを可能にしてくれているほかの全員に、心のなかで感謝しましょう。

コンビニエンス・ストアで数枚の紙幣を出して雑誌を買うとき、カウンターの奥で働いている店員に感謝し、そのお金がその人の人生の質を高めてくれることを願うのです。時代を超えた真理は、「与える手は、受けとる手でもある」といっています。

癒しと健康 56〜65

悪いストレスから心身のリフレッシュへ

わたしたちはしあわせだから笑うのではない。笑うからしあわせなのだ。

（ウィリアム・ジェイムズ）

若さは年齢ではありません。気持ちです。理想を捨て、若いという自覚がなくなったとき、人ははじめて年をとるのです。

（ドクター・L・F・フェラン）

56

朝、新鮮なフルーツ・ジュースを飲む

あなたが食べるものは、思考の明晰《めいせき》さだけでなく、気分にも影響を与えます。だから、古代の賢人たちは軽い食事しかとりませんでした。必要以上に食べれば、せっかくきびしい修行をとおして得たおだやかな心を乱され、人生のほんとうの意味に関する瞑想がさまたげられるのを知っていたのです。

高価なフォーミュラ・ワンのレーシング・カーをもっていれば、ハイオクタン・ガソリン以下の燃料を使おうとは思わないはずです。ほかの燃料では、その車の性能が発揮できません。ですから、もっと貴重な高性能車であるあなたの体に、最高のもの以下の食べ物を与えてはいけません。

よくない食べ物を大量に摂取すると、エネルギー・レベルが下がり、健康に悪影響をおよぼし、心が最大限の役割をはたしてくれなくなります。脂っぽいランチを

癒しと健康

とるたびに、モチベーションと有効性のレベルが下がるのを理解することは、もっと規則正しい食習慣を身につける第一歩です。

エネルギー・レベルと気分をともに押しあげる最善の方法のひとつは、毎日、新鮮なフルーツ・ジュースを飲む習慣を身につけることです。わが家のキッチン・カウンターには珍重しているもののひとつがあって、わたしを長生きさせて、若返らせてくれています。それはジュース・マシンです。ジューサーに投資して、元気づけてくれる新鮮なジュースの価値を知ることは、きわめて賢い方法です。

自分でつくるジュースは、きっと美味でしょう。毎朝、仕事に出かける前に、グラス一杯のイチゴとリンゴ、オレンジとグレープのジュースを飲みはじめたとき、いかにすばらしい気分になれるか、それは筆舌につくしがたいものです。わたしが見つけたジュースづくりに関する最高の本は、ジェイ・コーディックが書いた『ジュースマンのジュースづくりのパワー』です。その本にのっているコーディックのレシピは、それだけで本の値段に見合っています。

57

もっと笑う

ある調査によれば、平均的な四歳児は一日に三百回笑うのに対し、平均的な大人は一日に十五回しか笑わないそうです。日々のいろいろな義務、ストレス、活動のせいで、わたしたちは笑い方を忘れてしまいました。毎日のように笑えば、気分が高揚し、創造性が高まり、さらなるエネルギーがあふれることが証明されています。コメディアンのスティーヴ・マーティンは、毎朝五分、鏡の前で笑って全身に創造力をみなぎらせ、いい気分で一日をスタートさせているそうです（やってみてくださいーー効果がありますから）。〝笑い療法〟は、病気の治療や重病の人びとを癒すときに利用されています。

現代心理学の父であるウィリアム・ジェイムズは、こういっています。

「わたしたちはしあわせだから笑うのではない。笑うからしあわせなのだ」

癒しと健康

賢明なことで知られているわたしの友人は、ある年、もっと笑おうという新年の決意をしました。彼は二、三週間おきに地元のビデオ・ショップに行って『三ばか大将』の映画を借りるか、ユーモアのつまった新刊を買って、一日のうちのわずかな自由時間を惜しんで見たり読んだりしました。

もともとポジティブな人間だった彼は、さらにしあわせな気分を感じ、その独自の決断をする前より笑うようになったのです。ユーモアのなかに身をおいて、ユーモアが生活のなかであらたな認識を生むようになると、ものごとの明るい面が見えてくるようになり、仕事で感じていたストレスはきれいに消えてなくなりました。そのシンプルな訓練をすることで、彼の生活はまったくあらたなレベルに高まり、望ましい結果も生まれたのです。

わたしの友人の例にならって地元のビデオ・ショップに行き、最新のおもしろい映画を借りてみてはいかがですか？

それから、ゲイリー・ラーソンの一コマ漫画『ザ・ファー・サイド』シリーズや、人気漫画『ディルバート』から何冊か選んで、笑う習慣を促すのです。あなたの陽気な面をふたたび探しだして、腹の底から笑うことの不思議さを楽しんでください。

58

体という寺院を大切にする

数カ月前、わたしはある講演者仲間とランチをとりました。多忙なスケジュールのなかでどうやって集中力を保ち、バランスをとり、最高の状態を維持するかを話し合っていたとき、彼が説得力のあるひとことをいったのです。

「ロビン」と、彼はいいました。「多くの人びとは、神の教えに基づいて、それを中心に生きていけるように、定期的に教会や寺院に行くんだ。ぼくはちょっと違う。ジムに行くのさ――そこがぼくの寺院だよ」。

どんなに忙しくても、彼は午後五時半になるとオフィスを閉めて、ジムまで〝日日の巡礼の旅〟に出かけ、ランニング・マシンで数マイル走るそうです。なにをもってしても、健康としあわせをもたらすその時間を彼から奪うことはできません。

友人のその意見を聞いて、わたしは処女作で引用した古代ローマ人たちの格言を

癒しと健康

思いだしました。

「健全な精神は健全な身体に宿る」

申し分なく豊かな人生を送りたいと思ったら、わたしたちは体を寺院のように大切にあつかい、神聖なものと考えてあげる必要がある、ということも実感しました。定期的に運動をすれば、健康になるだけでなく、はっきり考えられるようになって、創造性が高まり、われわれの日々を支配しているかのような過酷なストレスを処理できるようになるでしょう。

ある調査によれば、運動をすれば若返るだけでなく、長生きできることが立証されました。ハーヴァード大学の一万八千人の卒業生を対象にした研究では、一時間かけて運動をするたびに寿命が三時間延びることがわかりました。体のフィットネスについやした時間ほど、すばらしいリターンが得られる投資はありません。忘れないでください、「運動する時間をつくらない人たちは、いずれ病気のために時間をさくことになる」のです。

わたしの場合は、一週間に五回泳ぐことを目標にしています。水泳がもっている回復パワーには、ことばにできない特別なものがあります。毎週、その目標を達成しているといえればいいのですが、残念ながらいえません。でも、そういった高い目標をかかげていると、わたしの総合的な健康と生活の質にとって、最高の健康状態を維持するのがいかに大切かということに集中していられます。プールで泳ぐたびに、まちがいなくおなじ結果が得られます。エネルギーがみなぎって、落ちつき、安定して、しあわせな気分になるのです。運動をしていると、このうえなく貴重に感じられるものも手に入ります。それは、ものごとを見通す力です。

四十分かけて泳いだあとは、抱えている困難は小さく見えて、心配ごとはささいなものに思えます。自分がこの瞬間を申し分なく生きているのがわかるのです。体という寺院を大切にする行為は、人生の無上の喜びはしばしばもっともシンプルな喜びであることを思いださせてくれます。

ポイント・メモ

59

「ニュース断ち」をする

ネガティブなニュースは売れます。わたしたちの社会では、ほんとうに偉大な人物の伝記より、有名人の刑事裁判を見る人のほうが多いでしょう。最新の悲劇を見出しにした新聞のほうが、最新の科学的躍進をあつかったものより売れるのです。

いちばんの問題は、ネガティブなニュースを読んだり見たりしていると、いともたやすく中毒になってしまうことです。あまり救いにならない新聞を読んで一日を始め、深夜テレビのニュースで最新の犯罪や事故やスキャンダルの情報を仕入れて一日を終える人を、わたしは大勢知っています。

けっして新聞やテレビを否定しているわけではありません。実際、多くの新聞からすばらしい情報を得ていますし、もう何年ものあいだ、知的なテレビ番組からたくさん学んできました。わたしがいいたいのは単純なことです。ニュースに心をさらすときは、よく選んでください。新聞を読んだり、テレビを見たりするときは、もっと慎重になるべきです。朝刊を読む前に、目的意識をもってください。暇つぶしの口実にするのではなく、あなたの役に立ち、賢くしてくれる情報ツールとして利用するのです。

多くの人が苦しんでいる〝ニュース中毒〟から脱却する最善の方法のひとつは、七日間の「ニュース断ち」をすることです。来週一週間、新聞のネガティブな記事を読んだり、テレビのネガティブな報道を見たりしないと誓ってください。

あなたはふたつのことに気づくでしょう。

第一に、多くの情報を手に入れそこなうことはありません。その日のもっとも重要な話題は、オフィスでかわされる会話や家族との会話から知ることができます。

第二に、ずっとおだやかで落ちついた気分になるでしょう。おまけに、七日間の「ニュース断ち」はもうひとつの恩恵をもたらしてくれます。

あなたの生活の質をほんとうに向上させてくれることに、もっと多くの時間をさけるようになるのです。

60 沈黙の誓いをたてる

仏教の修道僧たちは、意志の力を強くする得意の戦略をもっています――精神力と決意を生みだすために、その戦略は多くの文化で長年にわたって使われてきました。

それは沈黙の誓いです。たとえ短いあいだでも黙っていれば、意志の力と自制が生まれます。というのも、話したいという衝動に屈しないことで、意志に対して力をおよぼしているからです。

多くの人びとはしゃべりすぎています。正確に、必要なことだけを伝えるのではなく、延々と話してしまいがちです。それ自体が、自制のなさを物語っています。自制とは、必要なことを正確に話し、必要以上にしゃべらずに、貴重な精神的エネルギーを残すことです。考えぬいた、正確なスピーチは、明晰な思考と落ちついた心をもっている証《あかし》にもなります。

きょう、自制を向上させるためにあなたがとれる戦略は、これから七日間、一日一時間の沈黙の誓いを守ることです。その沈黙の時間中は、いっさいしゃべってはいけません。どうしても話さなければならないときは、質問に対して、簡潔にてきぱきと答えるだけにしてください。ゆうべ見たテレビの内容や今年の夏休みはどこですごしたいかなど、ぺらぺらしゃべってはいけません。

沈黙の誓いは、礼儀正しく、そして愛情をこめて取り入れることができます。その目的は、あなたをもっと強くして、意志の力を高めることで、人間関係をさまたげることではありません。ほんの数日で、内側から達成感と力がわきあがってくるのを感じるでしょう。

結果で判断してください。結果そのものが物語ってくれます。

ポイント・メモ

61

鳴った電話のすべてには出ない

電話はあなたの都合のためにあるのであって、かけてくる相手の都合のためにあるのではありません。でも、電話が鳴るのを聞いたとたん、わたしたちは大火事に駆けつける消防士のようにふるまってしまいます。すぐに出ないと命にかかわるかのように、走っていって受話器をとりませんか？　急ぎらしい電話に答えるために、静かな家族の夕食、ひたむきな読書、瞑想がさまたげられるのを何度も見たことがあります。そういった電話は、あとでもかまわないことが多いのです。

ボイス・メールは、完璧ではないにしても、多くの面で現代のありがたいもののひとつでしょう。都合がいいときに電話に出ればいいので、好きなことが自由にできます。電話のベルにさまたげられることがなくなり、人生のもっと大切なことに時間をさけるようになります。

わたし自身の体験でわかっていますが、鳴るたびに電話をとってしまう習慣はなかなか直りません。だれがかけてきたのかを知りたくて、つい駆けつけてしまうのです。鳴っている電話をとることは、あまりやりたくないことを先延ばしにする手段にもなります。

でも、電話が鳴るにまかせて、いましていること——いい本を読むことでも、人生のパートナーと心を打ち明けた会話をすることでも、わが子と遊ぶことでもかまいません——に集中できるようになると、そもそもあわてて電話をとっていたのはなんだったんだろう、と思えるようになるでしょう。

ポイント・メモ

62
魂のためのリクリエーションを大切にする

仕事で疲れた一日が終わると、ソファで横になって、テレビを三時間も四時間も見てしまいがちです。皮肉なことに、あなたがほとんどの人とおなじであるなら、テレビを見すぎたあとのほうが、最初に腰をおろしたときよりもっと疲れを感じているのではないでしょうか。

バランスのとれた生活を送るには、リクリエーションはきわめて重要です。でも、リクリエーションはあなたを再創造《リ・クリエート》する役割をはたしてくれなければなりません。本物のリクリエーションは、元気を回復させ、生き返らせてくれるでしょう。真のリクリエーションは、内なる炎にふたたび火をつけているあいだに、あなたのなかにある最高で最善のものをよみがえらせてくれます。

プラトンはこう書いています。

「すばらしい肉体はいかなる肉体的美徳をもってしても魂を向上させることはできないが、すばらしい魂はそれ自身の美徳によって可能なかぎり肉体を向上させることができる、というのがわたしの信条だ」

となると、有効なリクリエーションには、あなたの魂を落ちつかせるなんらかの楽しみがふくまれていなければなりません。

ポイント・メモ

63

人を許して重荷をおろす

あなたを不当にあつかった人を許すのは、無私の行為というより、じっさいは利己的な行為なのです。胸にしまっておけたかもしれない敵意や憎悪を解き放つのは、相手のためではなく、自分自身のためにしているのです。

わたしがライフ・コーチング・プログラムで教えていることですが、もしだれかにうらみを抱いているなら、それはその人物を背負っているようなものです。その人は、あなたのエネルギー、情熱、心のやすらぎを奪っています。でも、その人を許した瞬間、あなたはその人を背中からおろして、残る人生を生きていくことができるのです。

マーク・トウェインは、「赦《ゆる》しとは、踏みにじられたスミレの花がそのかかとに放つ芳香である」と書いています。

許すことは、きわめて勇気ある行為です。それは、人生の質を高めるいちばんいい方法のひとつでもあります。自分を不当にあつかった人について考えている一分は、もっとずっと価値があるもの、つまり、あなたを助けてくれる人びとを引き寄せるためについやすべき時間から一分を奪っていることになるのです。

ポイント・メモ

64

思考に向く環境をととのえる

　成功した人生に関する、時代を超えた真理のひとつは、ひとことで述べることができます。あなたの思考が、あなたの世界をかたちづくるのです。生活のなかで焦点をあてるものが成長し、考えていることが広がり、こだわっているものが運命を決めます。人生とは自己達成的な予言で、あなたが人生に期待しているものを与えるのです。

　ヘレン・ケラーはこういっています。

「星たちの神秘の探求、知られざる土地への航海、人の魂へと続くあらたな扉をひらくこと。悲観主義者でこれらを成しとげた人はひとりもいません」

　この原則を考えると、もっとしあわせで落ちついた人間になるための第一歩は、考え方を整理して、思考を浄化することです。その内面的な行為を始めるいちばんいい方法のひとつは、あなたのまわりの環境の質を改善することでしょう。

わたしがサンフランシスコの大きな集まりでスピーチをしたあとのことです。ひとりの年配の女性がゆっくりと近づいてきて、高齢の女性がよくやるように、わたしの手をとりました。彼女はわたしの目をまっすぐに見て、こういったのです。

「ミスター・シャーマ、この一時間、よりすばらしい人生を送るための洞察を拝聴しましたが、すべておっしゃるとおりだと思います。長年にわたって、自分のまわりにあるものが、わたくしたちの気分、考え方、夢をかたちづくるのだと思っておりました。ですから、わたくしは小さな家のすべての部屋を、新鮮な花束で飾っています。わたくしはけっして裕福ではありません。でも、それは絶対に欠かせない唯一のぜいたくなんです」

その女性は、すばらしい環境は出費ではなく投資である、ということを知っていたのです。

自分の環境を、よく、しっかり見てください。あなたの考えることは、あなたがつきあう人びと、読む本、話すことば、日々の物質的環境によってかたちづくられます。

あなたは職場でネガティブな人びとと時間をすごしていますか？　だとしたら、彼らはやがてあなたをネガティブで皮肉な人間にしてしまうでしょう。

あなたは家で暴力的なテレビ番組やくだらないビデオを見ていますか？　だとしたら、あなたの心は落ちつきをなくし、ざわついたものになってしまうでしょう。

あなたの職場は、明るくて、カラフルで、インスピレーションを与えてくれますか？　これから何週間か、あなたの職場環境と住環境を向上させる対策を講じてください。考え方、感じ方、ふるまい方が改善されたことが、すぐにわかるでしょう。

ポイント・メモ

65

〝やすらぎの場所〟を見つける

だれもが神聖な場所、つまり、じっと静かにしていられる〝やすらぎの場所〟を必要としています。

その特別な場所は、ストレスがあふれる世の中で、あなたにとってオアシスとなるでしょう。多忙な日々の営みはあなたから時間とエネルギーと注意力を奪い去りますが、そういったものから避難できる場所になるのです。

神聖な場所は、意匠を凝らした場所である必要はありません。使っていないベッドルームでも、アパートメントの片隅でもかまいません、テーブルのうえに切ったばかりの花があれば申し分ないでしょう。お気に入りの公園にある木のベンチでも、やすらぎの場所になります。

ひとりになりたくなったら、その神聖な場所を訪れて、多忙な一日のなかではおろそかにされがちな「精神的成長」をうながすことをしてみてください。日誌を書いたり、心なごむクラシック音楽を聴いたりするのです。目を閉じて、理想的な一日を想像しましょう。母親がいつも勧めていた本や知恵の書をじっくり読んでください。あるいは、三十分のあいだなにもせずに、孤独がもたらす回復力に身をゆだねるのです。

自分自身のためにわずかな時間をさくのは、けっしてわがままな行為ではありません。内なる貯えを増やせば、あなたはもっと多くを与え、もっと多くのことをなし、ほかの人びとにとってもっとすばらしい人間になることができます。心と精神を大切にする時間ができれば、あなたは精神的に安定し、熱意を保ち、若々しくいられるでしょう。

ドクター・L・F・フェランは、かつてこういいました。

「若さは年齢ではありません。気持ちです。理想を捨て、若いという自覚がなくなったとき、人ははじめて年をとるのです。歳月は肌にしわをきざみますが、情熱を失うと魂はしわだらけになります……。疑い、恐れ、絶望すれば、それだけ老けこみます。若さを保つには、若いという信念と自信と希望をもちつづけることです」

ポイント・メモ

発想力 66〜76

とめどない忙しさから心の豊かさへ

沈む夕陽のすばらしさや月の美しさに見とれるたびに、わたしの魂はますます神をあがめるようになります。　（マハトマ・ガンジー）

どれほど多くの人びとが、一冊の本を読むことで人生のあらたな時期を拓くことができただろうか。そういった本は、われわれの身に起きた奇跡を解明し、あらたな奇跡をあらわすために存在しているのだろう。

（ヘンリー・デイヴィッド・ソロー）

66

ミニ・バケーションをとる

毎週のように大型休暇をとるわけにはいきませんが、小型休暇ならかならずとれます。

ミニ・バケーションをとるには、まずオフィスのドアを閉め、電話はいっさいとらず、椅子にすわってくつろいでください。つぎに目を閉じて、深呼吸を始めましょう。やすらかな気持ちになったら、お気に入りのバケーション地にきている自分を想像してみましょう。その場所が呼びさますあざやかな色を見て、音を聴いて、感動を感じてください。

そういったわずか数分の精神的逃避をしたあとは、あなたは元気を取りもどし、一日の残りをすごす心がまえができているはずです。

ミニ・バケーションをとるとき、わたしは山の草地を歩いている自分を想像します。露でおおわれた草のうえを歩く足を思い浮かべ、この理想的な景色の背景となっている、雪をいただいた山々を楽しみます。遠くにある滝の音を聴き、草原を埋めつくしている花がどんな香りを放っているのかを想像するのです。

心というものは、きわめて強い影響力がある装置です。潜在意識には、わたしたちが想像しているイメージと実像の違いがわかりません。このちょっとしたテクニックを使って潜在意識をだまし、われわれが日常生活をはなれて休暇をとっていると思いこませて、じっさいのバケーションで得られるすばらしい物理的な恩恵の多くを誘いだすのです。

ポイント・メモ

発想力

67

自然とまじわる

わたしたちは、一見、情報が無尽蔵にありそうな時代に生きています。『ニューヨーク・タイムズ』の平日版には、十七世紀の平均的イギリス人が一生のあいだに触れたより多くの情報がつまっています。ここ何年か、ひとりで自然環境のなかですごしているとき、まわりのもっと大きな宇宙とつながって、このあわただしい時代のなかで元気を回復できることに気づきました。

講演、本のサイン会、メディア出演などで忙しかった一週間を終えて、森のなかにある公園に腰をおろし、木の葉を通りぬける風に耳をかたむけていると、静かな充足感に満たされます。ものごとの優先順位が明確になって、義務感がうすれたように思え、心がおだやかになります。自然と親しくまじりあうのは、創造性を解き放ち、あらたなアイディアを生む、すばらしい方法でもあります。

発想力

ニュートンは、リンゴの木の下でくつろいでいるときに万有引力の法則を発見しました。おなじように、スイスのデザイナーであるジョルジュ・ド・メストラルは、犬をつれて山を散歩しているとき、犬の体についたゴボウの棘《とげ》を参考にしてマジック・テープを考案したのです。自然環境はわれわれの心を満たすはてしないおしゃべりを抑えてくれるので、ほんとうの才能が解放されます。

自然を楽しんでいるあいだに、しっかり集中しながら周囲のものを観察してください。一輪の花の複雑さ、きらめく小川の流れをじっくりながめましょう。靴を脱いで、足の裏に草を感じるのです。そういった自然の恵みを味わえる特権に、そっと感謝してください。感謝していない人が多いのです。

マハトマ・ガンジーはこういいました。

「沈む夕陽のすばらしさや月の美しさに見とれるたびに、わたしの魂はますます神をあがめるようになります」

68

森のなかを歩く

自然を楽しみながら時間をすごしても、けっして損はしません。森のなかを歩くことには、なにか特別なものがあります。足どりが軽くなったような気がして、内なる静寂が全身に満ちあふれ、創造力が湧いてくるでしょう。イタリアの有名な建築家で画家のレオナルド・ダ・ヴィンチは、こういっています。

「心の窓をとおして、魂は世界の美しさをじっと見つめる……自然の小さな景色のなかに宇宙のイメージがふくまれていると、いったいだれが信じられよう？」

わたしが好きな季節は秋です。木々の葉は秋のあざやかな色を映し、森のなかをそぞろ歩くには最適の時期でしょう。街の喧騒《けんそう》をはなれると、わたしが大切にしているさまざまな価値がさらに明確になって、人生のもっと大きな問題についてじっくり考えることができます。あわただしい日常生活のなかでは、けっして答えの出ない問題を。小川のほとりで足をとめ、苔むした岩に腰をおろしてくつろいだり、森を歩く人しか味わえない香《かぐわ》しさを胸に吸いこんだりできます。

その自然のオアシスをあとにするとき、わたしは別人になっています。もっと注意深くなり、エネルギーに満ちあふれ、生きいきしているのです。古くからある偉大な知恵の多くは、いつも森を歩くことで得られる回復力を重視しています。生気を与えてくれるこの訓練は、いつもうれしい結果をもたらしてくれます。

ポイント・メモ

69

散歩をするときは目的をもたない

十年近く前になりますが、わたしの父から郵便小包が送られてきました。すりへった古い本が入っていて、表紙の裏にはつぎのような献辞が書かれていました。

「親愛なるロビン、この前、とある古本屋でこの本を見つけた。値段はたいした額ではなかったが、中身は非常にすばらしい。わたしは楽しく読んだが、きみもそうであってくれることを願う。父より」

一九四六年に出版された『人生を最大限に生かす』という本で、いまではわたしの蔵書のなかで、宝物のひとつになっています。「目をさまし、生きなさい！」、「長生きのしかた」、「一日二十四時間をどう生きるか」といった題の短いエッセイを集めたものなのですが、この十年間に何度も読み返し、そこに書かれている教訓のおかげで大きく成長することができました。ほんとうに貴重な財産になっています。

発想力

最近、雨が降った日にその本を取りだしてページを繰っていたとき、「散歩のしかた」という章が目にとまりました。著者のアラン・ディヴォーはその章のなかで、どうしたら散歩を最大限に楽しめるかに関する洞察を述べています。

まず、散歩をするときは特定の目的をもってはいけない、と彼は忠告しています。目的地を決めずに、散歩そのものがもっている美しさに身をひたすべきなのです。

つぎに、散歩をするときは心配ごとをもちこんではいけません。心配ごとは家においてきてください。でないと、散歩が終わるころには、あなたの心に深く根をおろしているでしょう。そして最後に、十分に認識してください。景色、音、においに対してしっかり注意をはらえるように、自分をきたえるのです。木の葉のかたちをじっくりながめてください。雲の美しさや花の香りに注目しましょう。

アラン・ディヴォーはこう結論づけています。

「結局のところ、世の中をながめ、香りを嗅ぎ、質を感じ、ひとりでそのなかにひたる機会をもてば、世の中はそれほど耐えがたいものではないことがわかります。そのように世の中と親しくまじわること——子どものころに感じた魔法のようなしあわせと驚異がよみがえること——こそ、散歩の目的なのです」

70

つねに本を持ち歩く

『USニューズ&ワールド・リポート』誌によれば、人は一生のあいだに、不要なダイレクト・メールを開封するのに八カ月、むだな折り返しの電話をかけるのに二年間、列にならぶことに五年間をついやすそうです。

その驚くべき事実を考えると、シンプルながらもっとも賢明な時間管理の戦略は、どこへ出かけるときもかならず本を持ち歩くことです。ほかの人たちが列にならんで文句をいっているあいだに、あなたは成長し、すばらしい本のなかで発見したアイディアという美食で心を豊かにすることができます。

「生きているかぎり、どう生きるべきかを学びつづけるのだ」

ローマ時代の哲学者、セネカはそういっています。

でも、ほとんどの人は、正式な学校教育を終えるとごくわずかな本しか読みません。現代のようにめまぐるしく変化する時代には、アイディアは成功にとって欠かせないものです。人格をみがいたり、人間関係を変えたり、生活を根本的に改革したりするには、いい本からアイディアをひとつ手に入れるだけでいいのです。

哲学者のヘンリー・デイヴィッド・ソローが『森の生活（ウォールデン）』のなかで書いているように、良書はあなたの生き方を変えてくれます。

「おそらく、まさにわれわれがおかれている状況に向けて語られたことばがあるのだろう。そういったことばは、しっかり聞きとり、理解することさえできれば、朝よりも春よりも生活に役立つものとなって、われわれのものの見方すら一変させてくれるだろう。どれほど多くの人びとが、一冊の本を読むことで人生のあらたな時期を拓くことができただろうか。そういった本は、われわれの身に起きた奇跡を解明し、あらたな奇跡をあらわすために存在しているのだろう」

あなたが人生をどこまで高められるかは、いかに必死に働くかではなく、いかによく考えるかにかかっています。リーダーシップに関する講演でわたしがいっているように、「ニュー・エコノミーで最高のリーダーは、もっともよく考える人たちになるでしょう」。

いまから五年後のあなたは、おもにふたつのことから影響を受けていることでしょう。あなたがつきあう人びとと、読んだ本です。

わたしはセミナーの参加者に向かって、「シンデレラ・テニス」をしている、という冗談をよくいいます。必死にがんばるのですが、かならずしもボールに追いつけるとはかぎりません。でも、自分よりうまい人とテニスをすると、試合中に魔法のようなことが起きます。いままで打てなかったショットがいとも簡単に打てるようになって、最高のプレイヤーでも面目を失うようなボールが、優雅に空気を切り裂いていくのです。

良書を読むと、まったくおなじ現象が起きます。あなたより前に地球を歩いたもっとも偉大な人たちの思想についてすすんで考えれば、あなたの生活は改善され、思考が深まり、まったくあらたなレベルの英知へ達するでしょう。

じっくりと本を読めば、世界でもっとも創造的で、知的で、インスピレーションあふれる人びとと、一日二十四時間つながっていられるのです。アリストテレス、エマソン、セネカ、ガンジー、ソロー、ドロシア・ブランドや、現在の地球に輝きを与えている賢明な人びとは、その著作を通じてあなたと知識を分かち合うのを待っています。できるかぎり、そういった機会をとらえてみてはいかがですか？
きょう、まだ本を読んでいないのであれば、あなたはきょうを生きていないことになります。本を読めるのに読まないということは、本を読みたいけれど読めないという人とまったくおなじ立場になってしまうのです。

発想力

ポイント・メモ

71

すべての本を読み終えなくてもよい

わたしたちは、読みはじめた本は読み終えなければならないと思いがちです。汗水たらして稼いだお金で買った本の最後までたどりつかないと、おおいなる罪の意識を感じてしまいます。でも、すべての本が読破に値するとはかぎりません。

イギリスの哲学者であるフランシス・ベーコンは、こういっています。

「味見のための本があり、丸呑みするための本もある。そしてごく少数の本だけが、かみしめ、消化するためにある。つまり、一部だけを読めばいい本があり、好奇心をもって読まなくてもいい本がある。そして、ごくかぎられた本が、努力と注意をはらいながら、最後まで読む価値がある」

わたし自身は、手にした本を最初から最後まで読む必要性を感じる罪を犯していました。でも、すぐに、どんどん高くなる本の山が手に負えなくなっただけでなく、

発想力

気晴らしの読書があまり楽しめなくなりました。そこで、どの本を最後まで読むかについて厳選するようにしたら、読み終わる本の数が増えただけでなく、それぞれの本から学ぶことも多くなりました。

最初の三章を読んで、価値のある情報が得られていないと思ったり、あなたの注意を引きつけていなかったりする場合は、その本を片づけて、時間をもっと有効に使いましょう（たとえば、本の山からつぎの一冊を選ぶとか）。

ポイント・メモ

72

創造性を刺激する本を読む

わたしたちはみな、クリエイティブな存在です。お気に入りの書店で『ずっとやりたかったことを、やりなさい。（*The Artist's Way*）』をはじめて見たとき、まだ弁護士をしていたわたしは、その本を手に取りませんでした。そのときは、〝アーティスト〟向けの本だから、わたしのためにはならないだろう、と思ったのです。でも、やがて、わたしたちはだれもが、心の奥にほぼ無尽蔵に創造性の源泉をもっていることに気づきました。弁護士でも、主婦でも、教師でも、企業の重役でも、詩人でも、音楽家でも、人生を最大限に楽しむために、その創造性を毎日のように活用する必要があるのです。弁護士としてのわたしがクリエイティブな存在であることに気づくと、まったくあらたな自覚が生まれました。

わたしは創造性を開発するセミナーに参加しはじめました。創造性に関する本ももっと読むようになり、個人的なものであれ、仕事上のものであれ、スピリチュアルなものであれ、生き方を改善するために、その天与の創造性を発揮できる方法を探しもとめたのです。その探究の結果は、やがて、処女作となってあらわれました。『ずっとやりたかったことを、やりなさい。』を読んで、著者のジュリア・キャメロンが勧めている、考えぬかれた練習を実行するだけの自己鍛錬をしてください。あなたのクリエイティブな精神を解き放てば、自己発見の道をのぼるときに加速されますし、毎日毎日がもっとずっと充実したものになるでしょう。

ポイント・メモ

73

『モリー先生との火曜日』はぜひ読む

自著の全国ツアーでデンヴァーを訪れたとき、帰りの飛行機に乗る前に、空港の書店に立ち寄りました。最新のベストセラーをながめていると、シンプルなカバーの小型本が目を引きました。題名は、『モリー先生との火曜日』。今回のツアーで、少なくとも十人以上の書店員から、わたしの新刊といろいろな点で似ているのでぜひ読んでくださいと推薦されていた本だったので、すぐに購入しました。

離陸した直後は、二、三分ざっと読んでから、いま必要なうたた寝をしよう、と思っていました。二、三分は二、三時間になり、着陸したとき、わたしは目に涙を浮かべながら最後のページを読み終えていました。大学を卒業して、仕事で活躍しているある男性が、あと数カ月の命しか残されていない恩師のモリー教授を再発見する話です。毎週火曜日、かつての教え子は死期がせまっている教授のもとを訪れ、

発想力

豊かで申し分のない人生を送った恩師から、人生のもうひとつの教訓を学びます。

これは実話です。モリー先生がそういった感動的な火曜日の授業で与える教訓は、悔い多き人生を避ける方法、家族の価値、許すことの大切さ、死の意味、などです。

最後の教訓に関して、教授は力強いことばを残しています。

「いかに死ぬかを学べれば、いかに生きるかも学べる」

この美しい本は、どんなに忙しくなっても、日々の幸運を思い、人生のなにげない喜びを尊ぶことの大切さを思いださせてくれるでしょう。わたしがふたりの子どもに遺《のこ》すもののひとつは、希望と感動を与えてくれた数々の本です。『モリー先生との火曜日』は、書架の正面におかれるでしょう。

ポイント・メモ

74

音楽の力を享受する

『ザ・エージェント』というすばらしい映画のなかで、トム・クルーズが演じるやり手のスポーツ・エージェントが、アメリカン・フットボールのドラフトで最有力選手と契約をかわす印象的なシーンがあります。その選手の家から意気揚々と車で走り去るとき、彼はカー・ラジオの局をせわしなく変えて、声をはりあげながら歌える曲を探します。なんとも嬉しいことに、やっと見つかりました——トム・ペティの『フリー・フォーリング』です。彼は心をこめて歌いはじめます。

まさにいま、この歌を聴きたかったのだ、という瞬間をおぼえていますか？　トム・クルーズ演じる主人公のように、大声で歌い、自由気ままに踊りだしたときを。そういったときは、はつらつとして、エネルギーにあふれ、心からしあわせを感じていたはずです。それは、いくつかのコードがみごとな順序でつながるのが聞こえたからです。音楽にはそういった力があります。あなたの気分を高揚させ、笑顔をもたらし、人生の質を計り知れないほど高めてくれるのです。

まじめに、あなたを元気づける音楽に耳をかたむけてください。気に入った音楽を集めて、毎日、心を喜びで満たす曲を聴くのです。

わたしの場合は、気分によって心地よいクラシック音楽やソフト・ジャズを聴きます。たとえば、新しい本を執筆しているときは、ヨハン・パッヘルベルの『カノンとジーグ・ニ長調』や、伝説のジャズ・ミュージシャン、チェット・ベイカーの『ラウンド・アバウト・ミッドナイト』を聴きます。

わたしのセミナーに参加したことがあるなら、わたしがステージにあがるまでは、もっとアップビートな曲が流れていたことをおぼえているかもしれません。わたしは旅をしているときでもウォークマンを持ち歩いており、たとえば『ブレイブハート』や『エヴェレスト』といった映画のサウンドトラックなど、元気づけてくれる音楽を機中で聴いています。

毎日二、三分でも音楽に耳をかたむけるのは、シンプルながらきわめて影響力のある手段で、気分をうまく管理し、最高の状態に保ってくれます。

75

ささやかなものを楽しむ

死んだらなにも持っていくことはできません。わたしはまだ、霊柩車のあとから葬儀場へ走っていく引っ越しのトラックを見たことがありません。最期の日、わたしたちが持っていけるのは、人生に意味をもたらしてくれたすべてのすばらしい人生経験の思い出だけです。そう考えると、ものを収集するより、しあわせな思い出が残ることをして日々をすごしたいと思います。

人生最良の思い出はささやかなことによってもたらされる、ということに気づきました。娘のビアンカがはじめて歩いた日、息子のコルビーのはじめてのクリスマス・コンサート（予定されていた歌を歌うより、聴衆のなかにいた得意げな父親に何度も手をふっていました）、家族そろって雨のなかでサッカーをした日、中秋の名月を見ながらバーベキューでホットドッグを焼いた夜。

スピーチの達人、デイル・カーネギーはこう書いています。

「人間性に関してもっとも悲劇的なことのひとつは、みんな、生きることにどうしてもいやけがさしがちだ、ということである。遠い地平線の彼方になにか不思議なバラ園を夢見てしまうのだ——今日この日に、自分の窓の外に咲いているバラを楽しまないで」

ささやかなことを楽しむ知恵をもってください。そういったものがもたらす最高の思い出は、多大なエネルギーをついやして追いかけているどんな物質的なおもちゃより、あなたの人生に価値を与えるでしょう。

リトアニアで生まれてアメリカに移住した無政府主義者、エマ・ゴールドマンは、「あたしはダイヤモンドを首にかけるより、机をバラで飾りたい」と書いています。

発想力

ポイント・メモ

76

もっと写真を撮る

すべての人生は生きるに値します。そう考えると、すべての人生は記録するに値します。

友人からよく聞かされるのは、最近のバケーションで見た息をのむほどきれいな景色、クリスマス・コンサートで彼の子どもがしでかしたおかしなこと、有名人とばったり会ったこと、などです。

「写真に撮った?」と、わたしはききます。「ぜひ見たいな」

「こんど」という答えが返ってきます。

「新しいフィルムを買っている時間がなかったんだ。でも、なにが起きたのかを話すよ」

一枚の写真が、千語に匹敵することもあるのです。写真は人生最高の思い出をとらえて記録しますから、歳月を経ても思い出をよみがえらせることができます。

わたしが子どものころ、父はいつも家族の写真を撮っていました。家族でピクニックに行ったとき、わたしがはじめて父の車を運転したとき、友人たちが家に遊びにきたとき、父はいつもそこにいて、写真を撮っていました。しょっちゅうカメラに向かって笑えというので、いい加減じれったくなって、はやく撮ってよ、といったものです。

「そんなにたくさん撮らなくてもいいよ、パパ。そんなに撮ってどうするの？」

あれから静かに時が流れたいま、わたしはそういった写真を〝どうするか〟を知っています。

写真はアルバムに貼られ、人生の推移の一部をかたちづくっています。わたしの子どもたちはそういった写真をながめ、何時間でもおもしろがっています。家族全員で、ごく単純なこと、でも、わたしたちにとっては大きな意味があったことを振り返るには、写真はすばらしい手段です。

もっと写真を撮ってください。人生最良のときを記録するのです。笑わせてくれたり、泣かせてくれたりしたものの写真を集め、世の中が提供してくれる多くの恵みに感謝しましょう。
いつも車にひとつ、旅をするときは旅行かばんにふたつ、使い捨てカメラを持ち歩いてください。何年もたってからアルバムをめくるとき、とてもいい気分を味わえてびっくりするかもしれません。

ポイント・メモ

人間関係 77〜86

「つきあいべた」から積極的な人脈づくりへ

わたしたちは偉大なことはできません。偉大な愛で小さなことをするだけです。

（マザー・テレサ）

人生とはおかしなもので、最高のものだけを望んでいると、最高のものが手に入ることが多い。

（サマセット・モーム）

77

知らない人に思いやりを示す

イギリスの小説家、オールダス・ハクスリーは、死ぬまぎわに人生で学んだことを思い返して、簡潔なことばにまとめました。

「おたがい、もっと親切にしようではないか」

わたしたちは、ほんとうに充実した人生を送るためには、雑誌の表紙や新聞の第一面をかざるような偉業や、めざましい行為を成しとげなければならない、と思いがちです。けっしてそんなことはありません。有意義な人生とは、礼儀正しさと親切心にあふれた日々の行為の積み重ねによって成り立っています。皮肉なことに、それが一生のあいだに真に偉大なものとなるのです。

あなたが人生で出会う人びとは、だれもが与えるべき教訓と語るべき物語をもっています。毎日のように会う人びとは、あなたの人間性があらわれる思いやりや礼儀正しさを、もう少しだけ見せてあげられる機会を提供してくれているのです。

まず、日々のなかでいまの自分よりさらに向上して、まわりの世界を豊かにするためにできることをしてみてはいかがですか？

一日のなかでだれかをにっこり笑わせたり、知らない人の雰囲気を明るくすることができれば、あなたの一日は価値あるものになるでしょう。わかりやすくいえば、この地球に住まわせてもらっている以上、思いやりというのは払わなければならない地代なのです。

知らない人たちに思いやりを示して、もっとクリエイティブな人間になってください。地下鉄でだれかに席をゆずってあげたり、こちらから「こんにちは」と声をかけたりすることから始めるといいでしょう。最近、ワシントン州に住んでいる愛読者から手紙をいただきました。彼女はこう書いていました。

「スピリチュアルな道案内をしてくださった方々に、わたしは〝十分の一税〟を払うことにしております。感謝の気持ちとともに、同封した百ドルの小切手をお受けとりください」

わたしは彼女の寛大な行為にさっそく返事を書き、お返しにオーディオテープ・

プログラムのひとつを送っておきましたので、彼女は小切手に見合ったものを受けとったことになるでしょう。彼女の行為はとてもいい教訓で、真心をこめて与えることの大切さを教えてくれました。

ポイント・メモ

78

「愛の口座」に預金する

マザー・テレサはかつて、

「わたしたちは偉大なことはできません。偉大な愛で小さなことをするだけです」

といいました。

あなたとあなたがもっとも大切にしている人びととのきずなを深めるために、きょう、あなたはどんな小さなことができますか？

相手の一日を少しでもいいものにするために、理由もなくどんな親切をほどこし、意味もなくどんなすばらしいことをしてあげられますか？

思いやりを深くすると、皮肉ともいえることが起きます。他人になにかを与えるという行為そのものが、あなたもいい気分にしてくれることでしょう。

もっと愛を与える練習をするために、愛の口座をひらいてください。毎日、まわりのだれかの人生に小さな喜びを与えることによって、この特別な口座にちょっと した預金をするのです。まず手始めとして、これといった理由もなく配偶者に新鮮な花を買ってあげたり、親友にお気に入りの一冊を送ってあげたり、時間をとって、わが子たちのことをどう思っているかをはっきり伝えたりするといいでしょう。

わたしが人生で学んだものがひとつあるとすれば、それは、小さなことは大きなことである、というものです。愛の口座に、日々、ささやかに預金すれば、銀行口座にどんな残高があるよりしあわせな気分になれます。

思想家で詩人のラルフ・ウォルドー・エマソンは雄弁に語っています。

「豊かな心がなければ、富はみにくい物乞《ご》いである」

あるいは、トルストイはこう書いています。

「しあわせを手に入れるためには、クモのように、愛という粘着性のクモの巣をあらゆる方向へ投げだし、そこに飛びこんでくるすべてを捕らえるのだ」

79

相手を理解し、大切にし、尊敬する

人間がいちばん望んでいるのは、理解され、大切にされ、尊敬されることです。しかし、わたしたちが暮らしているあわただしい日々のなかでは、人の話を聞くということは、相手が話し終わるのを待つことにすぎない、と思っている人があまりに多すぎます。

なお悪いことに、相手が話しているあいだ、わたしたちは話の要点を整理せずに、自分がどう答えるかを考えている場合が多いのです。

時間をかけて相手の意見を理解すれば、あなたは相手のいいたいことを尊重しており、相手をひとりの人間として大切に思っていることを示せます。話している相手の〝眼球の裏に入りこんで〟、相手の視点で世界を見るようにすれば、相手ともっと深く結びつくことができて、長続きする信頼関係が築けるでしょう。

耳がふたつ、口がひとつ与えられていることには、ちゃんとした理由があります。しゃべる二倍は聞きなさい、というわけです。聞き上手になるという礼儀をわきまえれば、もうひとついいことがあります。

あなただけが話しているわけではなくなるので、学ぶことができますし、いつものように一方的にしゃべっているときには得られない情報が手に入るでしょう。

聞き上手になるために役立つ情報をいくつかあげておきます。

＊あなたが話しているとき、相手が六十秒間なにもいわなければ、あなたの話を理解していない可能性が十分にありますから、もうあまりしゃべらないほうがいいでしょう。

＊相手の話をさえぎりたい誘惑を抑えてください。その前にひと息入れ、相手の話している中身にもっと注意を払いましょう。

＊適切であれば(すなわち、仕事の場で)、メモをとりましょう。相手が話しているときにノートを取りだしてメモをとるという行為ほど、相手の話から真剣に学びたいと思ってる姿勢を伝えられるものはありません。

＊相手が要点を述べたあとで、すぐにあなたの意見をいうのではなく、いま聞いたことをじっくり反芻《はんすう》してください。たとえば、「念のためにおききしますが、……ということでよろしいですか？」と、誠意をもってきけば、日々の生活で出会う人びとともっと親しくなれるでしょう。

ポイント・メモ

80

きき上手・頼み上手になる

「きくはいっときの恥、きかぬは一生の恥」ということわざがあります。

最近、つぎのような新聞の案内広告を見ました。

「十一月二十八日、土曜日、午後四時、（どこそこの）ドラッグストアにいた、褐色のスエードのコートを着た美女へ。雑誌の棚の前で、あなたはぼくにぶつかりました。あなたと会って、お話がしたいのですが」

この広告をのせた男性は、自分の電話番号を書いていました。運命は彼に機会を与えたのに――ひょっとすると、彼は夢の女性に出会ったのかもしれません――彼はその機会を棒に振ってしまったのです。そしていま、〝きかなかった〟ことを後悔したあとで、なんとかその女性を見つけたいという必死の思いに駆られて、新聞に広告を出さざるをえなくなったのです。

きけばきくほど多くの答えが得られますが、きき上手になるには練習が必要です。だめでもともと。仏教の賢人がいったように、「的を射た矢は、的を百回はずした結果」なのです。このさき数週間、お気に入りのレストランでもっといい席を頼んだり、地元のアイスクリーム・ショップで無料のふたすくいめを頼んだり、つぎに飛行機に乗るときに無料のアップグレイドを頼んだりして、〝きく筋肉〟をほぐしてください。ほしいものを心をこめて頼むだけで、あまりに多くが手に入るので驚いてしまうかもしれません。ほしいと頼めば、少なくともほしいものを手に入れるチャンスが生まれるのです。

なにかをきく力に関する本で最高の一冊は、わたしの友人で講演者仲間のマーク・ヴィクター・ハンセンと、自尊心の権威であるジャック・キャンフィールドの共著、『*Aladdin Factor*（アラジンの要因）』です。実践的なアイディアと簡単なテクニックを満載したその本には、つぎのサマセット・モームをはじめとする、すばらしい引用も豊富です。

「人生とはおかしなもので、最高のものだけを望んでいると、最高のものが手に入ることが多い」

81

いらだちをコントロールする

「だれでも怒ることはできる――それはたやすい。だが、適切な相手に、適切な度合いで、適切なときに、適切な目的のために、適切な怒り方をすることは、たやすいことではない」

と、アリストテレスは教えました。

わたしたちの生活にはストレスやプレッシャーがあふれているので、ちょっとしたいらだちで冷静さを失いやすくなっています。いつものように仕事で疲れた一日を終えて、家路を急いでいるとき、世界中の時間をひとり占めしているかのようにゆっくり走っているドライバーがいると、ついどなってしまいます。食料品店で買い物をして、今夜のラザーニャの材料を探しているとき、まちがった売り場を教えた店員にいらつきます。夕食をとっているときに電話をかけてきて、図々しくも最新の商品を売りつけようとする販売員にわめきちらしてしまいます。

毎日のようにかんしゃくを起こすとなにが問題かというと、それが習慣になってしまうことです。ほとんどの習慣とおなじで、それはいつか第二の天性になってしまいます。あなたが〝手に負えない問題児〟という評判になると、人間関係がほころびはじめ、仕事のパートナーシップがくずれ、信頼性がそこなわれます。

有能な人びとは首尾一貫していて、多くの面で、その行動は予測できます。きびしい時代には冷静な人がもとめられます。どんなプレッシャーがあっても、彼らはいつも冷静で落ちつきはらっています。重大な局面で冷静でいられれば、何年分もの痛みや苦悩を味わわずにすみます。

一瞬の怒りに駆られて発した相手を傷つけることばで、多くの友情が壊れています。ことばは矢のようなものです。いったん放たれると、取り返しがつきません。ですから、注意深くことばを選んでください。

ぐっと我慢するいちばんいい方法は、あなたをいらだたせた相手にことばを返す前に、百まで数えることです。もうひとつの対策があって、わたしはそれを〝三つの門のテスト〟と呼んでいます。昔の賢人たちは、発しようとしていることばが三つの門をくぐったときはじめて、そのことばを口にしたのです。最初の門で、彼らは自問しました。

「これらのことばは真実か？」

そうであれば、そのことばは第二の門へ行くことができました。第二の門で、賢人たちはききました。

「これらのことばは必要か？」

そうであれば、そのことばは第三の門へ行き、賢人たちはそこで、

「これらのことばに思いやりはあるか？」

とききました。

そうであってはじめて、ことばは唇をはなれ、世の中に向かって放たれたのです。

「人びとのあるべき姿を見て接し、彼らがなりうる姿になるのを助けてあげなさい」

と、ドイツの詩人であるヨハン・ヴォルフガング・フォン・ゲーテはいいました。

人生の指針となる賢いことばです。

82 いさぎよく「ノー」という

あなたの生活でものごとの優先順位がはっきりしていない場合、時間がかかるあらゆる要求に対して、つい「イエス」と答えてしまいがちです。胸おどるような将来のビジョンがなく、もっと計画的な行動がとれるようにしてくれる最終結果の明確なイメージもない日々を送っていれば、あなたの行動はいともたやすくまわりの人たちの予定に左右されてしまうでしょう。わたしは著書のなかでこう書きました。「システム手帳のなかにあなたの優先順位が書きこめないのであれば、かならず他人の優先順位が割りこんでくるでしょう」

それを解決するには、人生における高い目標をはっきりと自覚して、いさぎよく「ノー」ということを学ぶしかありません。

中国の賢人である荘子《そうし》は、インドの国王《マハラジャ》のために刀を鍛えた男の話をしています。九十歳にしてなお、その男の仕事ぶりはひときわみごとな正確さと手腕を発揮していました。どんなに急いでも、わずかな失敗すらおかしませんでした。

ある日、マハラジャは老人にたずねました。

「それは生まれついての才能なのか？　それとも、その驚くべき結果を生むには、なにか特別な秘訣でもあるのか？」

「基本に集中することです」と、刀鍛冶は答えました。

「わたしは二十一歳のときから刀を鍛えています。ほかのことはいっさい気にしませんでした。刀以外のものには見向きもせず、注意も払いませんでした。刀を鍛えることはわたしの情熱になり、目的になったのです。ほかのことに向けなかったエネルギーを、すべて、自分の腕をみがくために使ってきました。それがわたしの熟練の技の秘密です」

もっとも有能な人びとは、自分の〝秀でた分野〟に集中します。すなわち、得意なこと、大きな影響を与えられることに集中すれば、ライフワークを向上させることができます。大切なものに一心不乱に打ちこむことによって、あまり価値のない、気が散ることに対して、すんなりと「ノー」がいえるのです。

史上最高のバスケットボール選手であるマイケル・ジョーダンは、契約の交渉をしたり、ユニフォームをデザインしたり、旅のスケジュールの準備をしたりしませんでした。彼は得意なことに時間とエネルギーを集中しました。バスケットボールをやって、ほかのことはすべてマネージャーにまかせたのです。

偉大なジャズ・プレイヤーであるルイ・アームストロングは、自分のコンサートのチケットを売ったり、聴衆のために椅子をならべたりしませんでした。光りかがやく才能に集中し、トランペットを吹いたのです。

本質的でないことに「ノー」といえるようになれば、生き方を向上させてくれる力をもっていることにもっと時間をさけますし、あなたが残すように運命づけられている貴重な遺産を残すことに役立ってくれるでしょう。

ポイント・メモ

83

他人のせいにしない

不満をいう悪癖とおなじように、他人――もっとも愛する人びともふくめて――を責める習慣はいとも簡単に身についてしまいます。だれそれの食べ方が気に入らない、彼女の話し方がよくないといって、わたしたちは非難します。いちばんささいなものに焦点をあてて、いちばん小さな問題の欠点を見つけるのです。

でも、焦点をあてるものは成長します。だれかのささいな欠点に焦点をあてつづけていると、それはわたしたちの心のなかで成長し、やがてその人の大きな問題ということになってしまうのです。

全員があなたとそっくりで、まったくおなじ行動をとり、おなじ考えをもっている。ほんとうにそんな世界に住みたいですか？

もっとしあわせで穏やかな人生を送るためには、わたしたちの社会の豊かさはその多様性がもたらしている、ということをわかってください。人間関係、コミュニティ、国々をすばらしいものにしているのは、わたしたちが共有しているものではなく、わたしたちをユニークな存在にしている相違なのです。まわりの人びとのあら探しをするのではなく、相違を尊重してみてはいかがですか？

わたしたちはしばしば、自分自身のなかで探さなければならない欠点を、他人のなかに見てしまいます。非難したり責めたりするのはやめましょう。あるがままの姿を受け入れて、他人を変えようとする前に、自分自身を変える決心をしてください。それは、強固な意志を測るものさしのひとつなのです。

小説家のエリカ・ジョングは、こういっています。

「自分の人生は自分で責任をとりなさい。すると、どうなるか？　恐ろしいことに、だれのせいにもできなくなります」

84

〝お礼のカード〟を常備する

楽にできることは、しないのも楽です。生活のペースがはやくなるにつれ、ちょっとした行為が与える影響力は、それを受けるにふさわしい人びとに対してますます大きくなります。わたしのちょっとした行為のリストの最上位を占めるのは、いまでは忘れ去られている、礼状を書くという行為です。

人のつねとして、手紙をもらうとだれでもうれしいものです。みんな、自分が大事に思われているということを肌で感じたいのです。愛読者の方々から、わたしの本に書いてある教訓を生かして生活にポジティブな変化が得られたという手紙をいただくことが、わたしはうれしくてたまりません。

わたしのセミナーに参加した結果、仕事が順調になって、個人的な生活も改善された、という手紙をたくさんいただくことほど心おどるものはありません。手紙をいただくうれしさがわかっているので、わたしはデスクに届くすべての手紙になるべく自分で礼状を書くようにしています。

毎日、仕事でおつきあいのある人たち――講演の依頼をしてくる重役たち、わたし個人のコーチング・プログラムに参加している人びと、インタビューを申し込んでくるメディアの人たち、新しいビジネス・チャンスの件で連絡してくる人びと――にも、心をこめて礼状を書き、すべての出会いを大切にするようにしています。

たしかに時間はかかります。予定表には緊急の用件がとびこんでくるかもしれません。でも、心のこもった礼状ほど、おたがいの結びつきを強くする力をもっているものはあまりありません。礼状を書けばあなたの気づかいが伝わり、あなたが親切で思いやりのある人間であることがわかります。

さあ、今週、地元の事務用品店に行って〝お礼のカード〟を大量に買いこみ、書きはじめてください。あなたも、あなたと接する人びとも、みんな喜ぶことでしょう。

85

三人の親友を見つける

すばらしい友情を育てるのは、人生のさらなるしあわせと喜びを見つけるもっとも確実な方法のひとつです。最近の研究では、友人と親族の輪が広い人ほど長生きし、よく笑い、心配ごとが少ない、という結果が出ています。

でも、友情を築くには、人生のすべてのすばらしいことがそうであるように、時間とエネルギーと献身が必要です。そうはいっても、友情ほどすばらしい報酬をもたらすものはめったにありません。

もう何世紀も前、ある哲学者がこう書いています。

「世の中に友情ほど貴重なものはありません。人生から友情を追放してしまう人びとは、地球から太陽をなくしてしまうようなものです。というのも、あらゆる自然の贈り物のなかで、友情はもっとも美しく、もっとも魅力的なものだからです」

わたしが成長期のころ、父がよくいっていました。三人のすばらしい友人をもっている人が、ほんとうに裕福な人なのだ、と。その忠告はけっして忘れられませんし、あなたも心にとめておくことをお勧めします。友情を深めるには、居心地のいい行動範囲をとびだして、あまりよく知らない人たちと打ち解け、心からの誠意を示さなければなりません。友情の種をまけば、すばらしい友人という豊かな実りが得られるでしょう。

カクテル・パーティに行ったら、勇気を出して、もっとよく知りたいと思う人たちに歩み寄り、自己紹介をしてください。人はだれでも好意をもたれたいと思っていますから、あなたが率先して行動すれば、たいていの人は喜びます。

もし彼らが反応を示さなかったとしても、べつにどうということはありません。それを拒絶と見なさずに、損をするのは彼らだと思って丁重に辞去し、あなたが提供する恩恵を受けられるつぎの人のもとへ行けばいいのです。

ついこの前、所用で外出したわたしの母の車がパンクしてしまいました。母は、家の前で芝生に水をまいている知らない女性に、近くのガソリン・スタンドまで歩いて助けを呼びにいってくるあいだ、その家のドライブウェイに車を停《と》めておいてもいいかどうかをききました。その女性がかまわないといってくれたので、母はその場をあとにしました。

もどってきて、パンクを修理してもらったあとで、母はその家の玄関にまわり、その女性の親切な行為に丁重にお礼を述べました。するとその女性は母を家のなかに招き入れ、紅茶を勧めたのです。それから一時間のあいだに、ふたりはおなじ街で育ったこと、おなじ学校に通っていたこと、多くの共通の知人がいることがわかりました。

母が率先して新しい友人をつくろうとしたから、そこにすばらしい友情がめばえたのです。

ポイント・メモ

86 いい映画から学ぶ

わたしは映画が大好きで、時間があるときはいつも見ています。よく幼い娘のビアンカと息子のコルビーをつれていき、ポップコーンを食べながら、人気のある最新のアニメ映画を楽しみます。家でまねして遊ぶ数多くの新しいキャラクターを思い浮かべながら、いつも笑顔で映画館をあとにします。

講演で旅に出ているときも、一日が終わると二、三時間の時間をつくり、行く先ざきの街の映画館でいい映画を見るようにしています。映画はくつろがせてくれるだけでなく、別世界へいざなってくれ、わたしを奮いたたせて、人生がもっている無限の可能性についていつも考えさせるのです。映画は、わたしの内なる夢想家をひっぱりだしてくれるのでしょう。

最近、わたしは『ライフ・イズ・ビューティフル』というイタリア映画を見ました。字幕スーパーつきでしたが、三時間ちかく釘づけになってしまいました。映画を見て感動したのは、ほんとうに久しぶりです。

物語の大半は、やさしい父親と幼い息子の関係に焦点があてられています。最初のうち、ふたりはいつもいっしょで、ともにすばらしい時をすごしています。ところがある日の午後、突然、ふたりは家からつれさられて汽車に乗せられ、悪名高いナチの強制収容所、アウシュヴィッツへ送りこまれてしまうのです。

映画の後半では、父親はなんとか息子を生かしつづけようとするだけでなく、恐ろしい試練のなかでも息子のしあわせを守ってやろうとします。父親は最後はみずからの命を犠牲にしてしまいますが、『ライフ・イズ・ビューティフル』という映画は、人生は贈り物であり、わたしたちは日々の暮らしのなかで最善をつくさなければならない、ということを思いださせてくれます。

いい映画を見ると、視点がよみがえり、もっとも大切なことが再認識できて、人生におけるあらゆることに対して情熱的でいられます。

哲学者で詩人のラルフ・ウォルドー・エマソンはこういっています。

「情熱がなければ、偉大なことはなにひとつ達成できない」

家族愛 87〜92

「仕事人間」から賢い家庭人へ

あなたの子どもたちは、あなたの子どもたちではありません。彼らは生命そのものがみずから待ちこがれて生みだした息子たち、娘たちなのです。（ハリール・ジブラン）

子どもが大きくなって独立したいま、ひとつのことに気づきましたよ。あの小さな息子に肩車をしてやれるなら、わたしはなんでもするでしょう。（セミナーに参加した父親）

87

わが子に楽しい時間をプレゼントする

父の日に、息子のコルビーが学校から手書きのカードをもって帰ってきました。表紙には彼の小さな手形が押してあり、カードのなかに貼ってある息子の小さな写真のうえには、つぎのことばが書かれていました。

ぼくが小さくて、かぐやかべにいつもしもんをべたべたつけるから、パパはときどきがっかりしているよね。でも、ぼくはまいにちそだっています——いつかぼくが大きくなったら、そういった小さな手のあとはきっとぜんぶきえてるよ。

だから、小さなときにぼくのゆびがどんなふうだったかをちゃんとおもいだせるように、さいごの手のあとをのこしておきます。

あいしてるコルビーより

家族愛

子どもの成長はとてもはやいものです。分娩室のなかに立って、息子が生まれてくるのを待っていたのが、ついきのうのことのように思えます。その二年後には娘のビアンカが生まれました。子どもたちにもっと時間をさくのは、〝仕事がちょっと落ちついてから〟とか、〝出世してから〟とか、〝来年、もう少し時間ができてから〟といって、自分自身と約束するのは簡単です。でも、こちらから人生に対して行動を起こさなければ、人生のほうからこちらに行動を起こしてくる習性があります。知らないうちに数週間は数カ月になり、数カ月は数年になって、小さかった子どもは大人になり、自分の家庭をもってしまいます。あなたがわが子たちに与えられるもっともすばらしい贈り物は、あなたの時間です。そして、あなたが自分自身に与えられるもっともすばらしい贈り物のひとつは、子どもたちと楽しくすごし、彼らの真の姿をながめることです。子どもたちは人生の小さな奇跡なのです。

アメリカで活躍しているレバノンの詩人、ハリール・ジブランは、『預言者』という本のなかで、わたしよりはるかに説得力のある表現をしています。
「あなたの子どもたちは、あなたの子どもたちではありません。彼らは生命そのものがみずから待ちこがれて生みだした息子たち、娘たちなのです」

ポイント・メモ

88

いい親になる技術をみがく

子どもをどう育てるかは、未来の世代をどう育てるかということです。育児というみごとな職人芸の正式な訓練を受けた人はあまりいないので、ほとんどの人は自分の親に育てられたように子どもを育てます。ほかにどうしていいか、わからないのですから。

親になることは大いなる喜びですが、それは重大な責任をともなう特権でもあります。わたしはふたりのわが子のためならなんでもしてやるつもりですが、その気持ちだけでは十分ではありません。すばらしい親になるための技術をみがく必要があるのです。

自分たちの子育てがまちがっていないことを願ったり、子どもたちが、思慮深く、思いやりがあって、賢い大人になってくれたら運がいいと祈るだけではだめです。

みずから率先してセミナーに参加したり、本を読んだり、その分野の第一人者のオーディオカセットを聴いたりして、育児能力を向上させなければならないのです。

そして、自分たちの家庭に適した子育て戦略を見つけるために、人生という実験室で学ぶアイディアをみがきつづける勇気をもたなければなりません。

生活が忙しく、時間がないわりにやることが多いのはわかります。でも、息子さんや娘さんの子ども時代というあの奇跡のような歳月は、二度と訪れないのです。最高の親になるための時間と努力を惜しめば、いつの日か、その機会を逸したことを深く悔やむことになるでしょう。

わたしがトロントでひらいたセミナーに参加した父親が、こういっていました。

「息子が育ちざかりのころ、いつも肩車をしてくれとせがまれました。肩車が大好きなのはわかっていましたけど、わたしはいつも忙しくて、子どもと遊んでやれなかったんです。読まなければならない報告書、出席しなければならない会議、かけなければならない電話がありましたから。子どもが大きくなって独立したいま、ひとつのことに気づきましたよ。あの小さな息子に肩車をしてやれるなら、わたしはなんでもするでしょう」

89

家族で食事をとる

わたしが成長期のころ、母が築いてくれた数多い家族の伝統のひとつに、毎日みんなで食事をする、というものがありました。父、弟、わたしは、どんなことをしていても、家に帰って夕食をとらなければならなかったのです。その席でふたたび顔を合わせ、終わろうとしている一日のできごとについて話し合いました。

父はよく食卓をまわって、その日あらたに学んだことを話すようにいいました。あるいは、シャツのポケットから新聞の切り抜きを取りだして、その記事に関して活発な議論をするようにうながしました。

毎日、全員で食事をするという特別な伝統のおかげで、家族のきずなは強くなり、しあわせな思い出もたくさんもたらしてくれました。わたしはいまの家族生活でもその伝統を守っていますし、わが子たちも続けてくれることを願っています。

家族でとる食事は、べつに夕食でなくてもかまいません。わたしたちは忙しい時代に生きています。とめどない個人的な約束があります。わが家の子どもたちも、サッカーの練習、ピアノのレッスン、バレエのクラスがあるので、夕方にいっしょに静かな食事をとるのはむずかしいかもしれません。スケジュールさえ合えば、家族の食事は朝食でもランチでもかまいません。一日の終わりに、ミルクとクッキーで手ばやい軽食をとってもいいでしょう。

大切なのは、毎日、いちばん愛する人たちと食事をする時間をつくり、もっと豊かで有意義な家庭生活を築く努力をつねに心がけることです。

ポイント・メモ

90

帰宅する前にリラックスする

ストレスとプレッシャーに満ちた職場での一日を終えると、ほとんどの人は疲れきってしまい、いらだちながら、元気なく家に帰ります。同僚や顧客に最善をつくしてしまうので、悲しいことに、いちばん愛する人たち――配偶者、子どもたち、友人には、なにも残されていません。命がけの闘いを終えたばかりの古代ローマの剣闘士よろしく、お気に入りの安楽椅子へ向かって力なく歩き、落ちつくまでそっとしておいてほしい、と家族にたのむのです。

玄関のドアから家に入る前に十分間かけてリラックスすれば、そういったシナリオが日常生活の一部になることが避けられるでしょう。職場をあとにして、車で家に帰り、そのままドアからとびこむのではなく、ドライブウェイに車を停《と》めたまま、車内で二、三分すごすことをお勧めします。そのあいだにリラックスして、これから数時間、家族といっしょになにをしたいのかをじっくり考えるのです。

パートナーと子どもたちがいかにあなたを必要としているか、あなたがその気になればいかに多くの楽しみを与えられるかを、思いだしてください。

もっとリラックスするために、そのあたりをちょっと歩いたり、好きなクラシック音楽を聴いたりしてから、ドアをあけて家族にあいさつするといいかもしれません。

リラックスする時間をなんとかつくり、回復と充電の機会にあてて、家族にあいさつするときは、家族が望んでいるあなたになるようにしてください。

ポイント・メモ

91

子どもを手本にする

ついこの前、わたしは四歳になる息子のコルビーをつれてイタリアン・レストランにランチを食べにいきました。美しい秋の一日で、いつものように、わが息子は元気いっぱいにはしゃいでいました。ふたりともメイン・コースのパスタを注文して、ウエイターがもってきてくれた焼きたてのパンを食べはじめました。

知るよしもなかったのですが、コルビーはそのとき、生活の技に関するさらにもうひとつの知恵を父親に与えようとしていたのです。

ほとんどの大人たちはパンを全部食べてしまいますが、コルビーはちょっと違う、もっと独創的な食べ方をしました。パンの温かくてやわらかな部分をえぐりだしはじめ、外側の皮には手をつけなかったのです。ことばを換えれば、パンのいちばんおいしい部分だけに集中して、ほかは残したわけです。

かつて、だれかがセミナーでこういったことがあります。

「子どもというのは、大人よりずっとすすんだことをいって、われわれに必要な知恵を与えてくれることがありますよ」

あの晴れた日、わが息子は、大人であるわたしたちは日々去来するあらゆる幸運より〝生活の皮〟に多くの時間をついやしすぎている、ということを思いださせてくれたのです。わたしたちは、仕事上の難題、支払うべき請求書の山、しなければならないすべてのことをする時間がないことに焦点を合わせてしまいます。

でも、わたしたちの思考がわたしたちの世界をつくりあげ、考えていることは生活のなかで成長していくのです。焦点を合わせている対象がわたしたちの運命を決めるわけですから、いいことに焦点を合わせなければなりません。

このさき何週間か、あなたの陽気な側面、あなたのなかにいる子どもを見つけだす時間をつくってください。時間をさいて子どもたちのポジティブな点を学び、まわりでなにが起ころうと、元気で、想像力に富んでいられる能力、完全にその瞬間に没頭できる能力を手本にするのです。と同時に、作家で政治学者のレオ・ロステンがいっている、つぎのすばらしいことばを思いだしてください。

相手を子どもだと思って見れば——彼らがいかに堂々とした人物であっても——ほとんどの人びとのことは理解できて、気持ちがよくわかるようになる。というのも、たいていの人間はたいした成長や成熟などしない——たんに背が伸びるだけなのだ。たしかに、われわれはあまり笑わず、あまり遊ばず、大人みたいに着心地のよくない変装をしているが、その衣装の下にはいつも子どもがいる。彼らの要求はシンプルで、その日常生活はいまだにおとぎ話のなかにいちばんよく描かれている。

家族愛

ポイント・メモ

92

記念日に木を植える

東洋の古い思想によれば、充実した人生を送るには三つのことをしなければならないそうです。

息子をもうけ、本を一冊書き、木を一本植える。そうすることによって、あなたが死んだあとも三つの遺産はいつまでも生きつづける、とその思想はいっています。

しあわせで申し分のない人生を送るには、明らかにもっと多くの要素がありますが（わたしは娘をもつ悦びもリストに加えたいと思います）、木を植えるというのはすばらしい考えです。若木から大きなオークに育つのを見守れば、日々の時間の流れと自然のサイクルがよくわかるでしょう。

その木が生長して成熟するのと同時に、あなたも人間としての自分の推移と成長を見守ることができます。

家族愛

自分の子どもが生まれたら、そのたびに記念して木を植えたくなるかもしれません。子どもたちが成長するたびに、木の幹に刻み目を入れることができます。それぞれの木は、異なるライフ・ステージの生きた記録となります。

家族に子どもが生まれるたびに木を植えるのは、最高にクリエイティブな愛の行為であり、子どもたちは何年もずっと忘れないでしょう。

ポイント・メモ

目標実現型人生 93〜101

無目的人生から「実りの人生」へ

あなたがたの運命がどうなるかわからないが、ひとつだけわかっていることがある。あなたがたのなかでしあわせになれるのは、どうしたら人類に奉仕できるかを模索し、ついにそれを発見した人びとだけである。

（アルベルト・シュヴァイツァー）

わたしは完全に使いはたされて死にたい。働けば働くほど、生きていると実感できるのだから。わたしは人生そのものを楽しむ。

（ジョージ・バーナード・ショー）

93

自分から運命を引き寄せる

「そうなるのであれば、それはわたし次第だ」というのは、すばらしいマントラです。

最近、新聞で読んだのですが、人口の優に十パーセントの人びとが、宝くじに当選して引退後の資金にあてると断言しているそうです。未来の質を、選択ではなく偶然に託している人が多すぎます。それを読んで、弟が子どもだったころの習慣を思いだしました。

カウンターから落ちそうなグラスを見ると、彼は駆けつけてグラスをとめようとはせずに、両手で耳をふさぎ、グラスが割れる音を聞かないようにするのです（彼はそれから成長し、ハーヴァード大学を卒業して眼科医になりましたから、ユニークな習慣はそれほどの障害とはならなかったようです）。

目標実現型人生

この逸話から得られる知恵は、たんにこういうことです。わたしたちは世の中の現実に対して耳目を属《しょく》さなければならない。

こちらが人生に働きかけ、なにかが起きるような行動をとらないと、人生のほうから働きかけてきて、こちらが望まない結果がもたらされるでしょう。それは、人間を何千年も支配してきた自然の法則のひとつです。これから数週間でもっと主体的になるためには、自分自身を運命の最高経営責任者、人生のCEOとみなしてください。

すべての有能なCEOは、「そうなるのであれば、それはわたし次第だ」ということをわかっていて、自分自身の夢をすすめる行動をとります。おなじように、なにかを成しとげたいのであれば、運が向いてくるのを待つのではなく、運をつかむ手段を講じるのです。問題の解決や機会をとらえることに力を貸してくれそうな知り合いがいたら、すぐに電話をかけましょう。

いいですか、あなたは弁解することもできるし、進歩することもできます。でも、その両方はできません。

弁護士をしていたころ、わたしはダウンタウンにある高層ビルのオフィスまで、四十五分かけて電車通勤していました。毎日きまって目の前にすわる男性がいたのですが、わたしは彼を「人生のＣＥＯになる」という規範のモデルと見なすようになりました。

　ほとんどの通勤客が居眠りをしたり、とりとめのない空想にふけったりしているのに、その男性は運動をしながら四十五分をすごしていました。席にすわってから駅に着くまで、腕のストレッチをしたり、首をまわしたりして、健康を向上させる一連の運動を正確にやっていたのです。運動する時間がないとこぼす大勢の仲間入りをせずに、自分でことを運び、機会を活用していました。たしかに、ちょっとばかげて見えました。でも、自分が正しいことをしているとわかっているときは、他人にどう思われようと気になりません。

　自分自身を人生のＣＥＯと見なせば、自分の世界を見る目が抜本的に変わります、乗客として人生を航海するのではなく、あなたが船の船長になるのです。そして、変化する気まぐれな潮の流れに左右されるのではなく、あなたが選んだ方向にすすむのです。

　人生をさらにうまくコントロールしながら、心理学者のウィリアム・ジェイムズ

目標実現型人生

の示唆的なことばをじっくり考えてみてください。
「現実に対する人類共通の本能があるから、世界は本質的につねに勇者のための劇場になっている」

ポイント・メモ

94

冒険心を取りもどす

教師たちは山に登っています。起業家たちは熱気球を飛ばしています。おばあさんたちはマラソンを完走し、主婦たちは空手を習っています。

きまりきった生活が増えれば、日常を本物の冒険でいっぱいにしてやる必要がますます大きくなります。集中を要する義務が増えれば増えるほど、自己満足という手かせ足かせをはずし、あらたな勇ましい気晴らしで心を高揚させてやることが重要になってきます。

「時計やカレンダーに目をくらまされ、人生の一瞬一瞬は奇跡と謎であることを忘れてはならない」

イギリスの小説家、H・G・ウェルズはそう書きました。

自分自身の人生の奇跡と謎ともっと深くつながるために、子どものころにあった

目標実現型人生

冒険心を取りもどすという誓いをたててください。

ありふれた日常にもっと大きな情熱とエネルギーをもたらしてくれる十二の気晴らしを書きだして、来年一年、ひと月にひとつずつ取り組むのです。それはあなたの生き方を徹底的に変えるきわめて有効な方法です。

ポイント・メモ

95

ライフ・ストーリーを書き直す

時間に関してもっともすばらしいことのひとつは、前もって時間をむだにできないという事実です。

あなたが過去にいかに時間を浪費していたとしても、これからやってくる時間は、完全無欠で、損なわれておらず、いつでも最大限に活用できる状態になっています。

過去になにが起きていたとしても、あなたの未来には一点のくもりもありません。毎日、夜明けはまったくあらたな生活を始める機会をもたらす、ということをわかってください。

あなたさえその気になれば、明日から早起きして、もっと本を読んで、運動をして、正しい食事をして、あまり心配しないようにすることもできるのです。

作家のアシュリー・ブリリアントは書いています。

目標実現型人生

「いつでも、わたしはなりたいと思っている人間になりはじめることができます――でも、いつにすればいいのでしょう?」

あなたが日誌をひらき、白紙のページにライフ・ストーリーを書き直しても、だれもとめたりしません。まさにその瞬間、あなたは人生をどう展開させ、主要な登場人物をどう変え、あらたな結末をどうするのかを決定できるのです。ただひとつの問題は、あなたがそうするかどうかです。

いいですか、いつもなりたがっていた人物になるのに、遅すぎるということはありません。

ポイント・メモ

96

遺産記述書をつくる

かつてだれかがいっていましたが、人生の前半の五十年は自分の正当性を確立するために捧げられ、後半の五十年は遺産を築くために捧げられるそうです。

まさに、そのとおりでしょう。わたしたちの多くは、人生の前半は実績をもとめて努力し、必死になって尊敬を得ようとします。名声というかたちであろうと、物的財産というかたちであろうと、いったん正当性を手にすると、すぐになにかが足りないことに気づきます。そこで、人生の残された時間をついやして、最初からしておくべきだったことをしようとします。遺産を築くのです。

ある日、わたしの父は冷蔵庫の扉に一編の詩を貼りました。サンスクリット語から翻訳されたもので、こう書いてありました。

「春がすぎ、夏も行ってしまい、冬になってしまった。歌うつもりだった歌はまだ

目標実現型人生

歌われていない。わたしは楽器の弦を締めたりゆるめたりしながら日々をすごしてしまった」

そのことばは、中途半端な人生を心から悔やんでいる男が書いたものでした。歌うことになっていた偉大な歌を歌わず、準備と待機の毎日を送っているうちに、行動する機会を失ってしまったのです――彼のことばでいうと、〝楽器の弦を締めたりゆるめたりしながら〟ということになります。悲しいことに、「そのとき」はけっして訪れませんでした。

遺産を築きはじめるのは、〝もっと時間ができる〟十年後ではなく、今日です。なぜなら、わたしたちは「そのとき」がけっしてこないことを知っているのですから。人生でなにを創造したいのか、じっくり考えてください。もっと大切なのは、あなたが存在しなくなったとき、世界になにを遺《のこ》したいのかを考えることです。あなたとともに終わってしまわないことを始めれば、偉大さがもたらされます。

わたし自身の遺産をもっと明確にするために、わたしは遺産記述書をつくりました。わたしが仕事をしている多くの企業の重役は会社の使命記述書をもっていますが、自分の遺産記述書を書いた人はそう多くありません。使命記述書は生きているあいだになにを創造したいかを明確にするものですが、遺産記述書は死んだときになにを遺したいかを表明するものです。両者には、はっきりとした違いがあります。そのことについて考えるなら、人生の終点に着いたとき、可能だったかもしれないことを悔やんだり、悲しんだり、落胆したりすることはないでしょう。

ポイント・メモ

97

喜んでほかの人を手助けする

古代ペルシアのことわざに、「足のない人を見るまで、わたしは靴がないことを嘆いていました」というものがあります。

問題を誇張すると、感謝しなければならない多くの恵みをたやすく見失ってしまいます。自分よりもっているものが少ない人に奉仕して、時間という贈り物を与えることは、あなたの人生にいつもある豊かさを自覚できる、すばらしい方法です。

わたしがある大手保険会社のセールス・チームにリーダーシップに関する基調講演をおこなったあとで、ひとりの男性が近づいてきました。自分は会社でトップの成績をおさめているひとりで、成功している理由のひとつは、週に二、三時間、自分より恵まれていない人たちを助けているからです、と話してくれました。

「ほかの人たちがもっていないものを見ると、自分にあるすべてのいいものを自覚しつづけることができます。そのおかげで、さまざまなことを当たり前と思わずにすみます。でも、もっと重要なのは、わたしをほんとうに必要としている人たちの生活を変える力になれることです」

フランス生まれの医者であるアルベルト・シュヴァイツァーは、

「あなたがたの運命がどうなるかわからないが、ひとつだけわかっていることがある。あなたがたのなかでしあわせになれるのは、どうしたら人類に奉仕できるかを模索し、ついにそれを発見した人びとだけである」

と述べています。

チャールズ・A・リンドバーグの妻で、作家のアン・モロー・リンドバーグは、

「なにかを感謝で返すことはできません。人生のどこかで、〝おなじようなもの〟で返すことができるだけです」

と書きました。

ボランティアをすることで、ほかの人たちを助ける機会が手に入り、あなたを助けてくれた人びとに借りを返すことができるのです。

98

無私無欲で奉仕する

アルベルト・シュヴァイツァーはこういいました。

「福祉事業ほど崇高な宗教はない。公益のために働くのは、もっともすばらしい宗教である」

古代中国人は、「バラをさしだす手には、いつもかすかな香りが残る」と信じていました。

おおいに充実した人生を送るための最高の教訓のひとつは、成功を追いもとめていた人生から、意義を見いだすことに捧げられた人生に向上させることです。そして、意義を創造するいちばんいい方法は、単純な疑問を自問することです。

「どうすれば奉仕できるだろうか？」

すべての偉大な指導者、思想家、博愛家は、無私無欲の人生を送るために自分本位な人生を放棄しました。そうすることによって、望んでいたあらゆるしあわせ、豊かさ、満足を見つけたのです。彼らは全員、人間にとってきわめて重要な真理をわかっています。成功は追いもとめるものではなく、あとからついてくるものである。人びとに奉仕し、世界に価値を付加することについやされた人生の、偶然ではない、必然的な副産物として生まれるのです。

マハトマ・ガンジーは、ほかのだれよりも奉仕という道徳を理解していました。彼が鉄道でインド横断の旅をしていたときの、忘れがたい逸話があります。

乗っていた車輛をおりるとき、ガンジーの靴の片方が、手のとどかない線路のうえに落ちてしまいました。彼はどうやってその靴を拾うかを気にしたりせずに、旅のお伴たちがびっくりするようなことをしたのです。彼はもう片方の靴を脱いで、最初の靴が落ちたあたりに放り投げました。

どうしてそんなことをしたのかときかれたとき、ガンジーはにっこり笑って答えました。

「一足そろっていれば、まず片方の靴を見つけた貧しい人が履けますからね」

99

一日を一生と見なす

「日々は、遠くでひらかれている楽しげなパーティから、ベールで身を隠した人影のように去来するが、なにもいわない。彼らがたずさえてきた贈り物をわれわれが利用しないなら、彼らは黙って持ち去る」

と、ラルフ・ウォルドー・エマソンは書いています。

日々を生きるように、あなたは一生を生きるのです。このさき何日もあるのだから今日はどうでもいいだろう、というのは、わたしたちが陥りやすい罠《わな》です。すばらしい人生とは、美しい真珠のネックレスのように、満足して送れた日々の連続にすぎません。毎日が重要で、最終結果の質に影響を与えます。過去はもはや存在せず、未来は想像の産物にすぎないのですから、今日という日しかないのです。賢く使ってください。

人生はドレス・リハーサルではありません。失われた機会はめったにもどってこないのです。今日、生きるための情熱を増やし、今日に続く日々への関心を高めると誓ってください。

人生を変えるには何カ月も何年もかかる、と思っている人は多いでしょう。謹《つつし》んで異議をとなえます。もっとすばらしい、ひたむきな人間になろうと心から決意した瞬間、あなたは人生を変えていることになるのです。何カ月も何年もかかるのは、その決意を〝持続する〟ために必要な努力のことです。人生を変えようという最高の決意は、日々の一瞬一瞬を精いっぱいに生きるという決意です。

ゴルフ界の伝説的存在であるベン・ホーガンは、こういっています。

「一ラウンドしかプレイできないのだから、人生のフェアウェイを歩いていくときは、バラの香りを嗅がなければならない」

100

今日を最期の日のように生きる

著作のための調査をしているとき、奇妙な朝の儀式をおこなっているインドの国王《マハラジャ》の話を見つけました。

毎朝、起きるとすぐに、彼は音楽と花をそなえて自分の葬儀をするのです。葬儀のあいだじゅう、彼は、

「わたしは心ゆくまで生きた、わたしは心ゆくまで生きた、わたしは心ゆくまで生きた」

と唱えます。

はじめてその話を読んだとき、わたしはその人物の目的が理解できませんでした。

そこで、父に教えを請いました。

父はこう答えました。

「息子よ、そのマハラジャは、日々自分の死ぬべき運命を意識することによって、一日一日を最期の日であるかのように生きているのだ。きわめて賢明な儀式で、時間は砂粒のように手をすり抜けてしまうこと、充実した人生を生きるのは明日ではなく今日であることを、彼に思いださせているのだ」

人は死ぬべき運命にあるという無常観は、大いなる英知の源です。

死の床にあった古代ギリシアの哲学者、プラトンは、ライフワークである『対話編』を要約してほしいと、友人から頼まれました。じっくり考えてから、彼はたったふたつの単語で答えたのです。

「死ぬ練習《プラクティス・ダイイング》をせよ」

古代の思想家たちは、プラトンの話の要点をべつの表現で述べていることわざを知っていました。

「年老いた者たちの目の前にあるのとおなじように、死は若者の目の前にもあるべきである。それゆえに、今日が最後の日で、締めくくりの日で、人生を完結させる日であるかのように、毎日を規則正しく送ったほうがいい」

生前葬をすれば、時間は貴重なものであり、より豊かで、より賢くて、より充実した人生を送るのはいまである、ということが再認識できます。

目標実現型人生

ポイント・メモ

101

自分の人生に目標をかかげる

ほとんどの人は、死ぬ直前まで、人生とはなにかを見いだすことができません。若いころは必死に努力し、社会の期待に応えようとして日々を送ります。人生の大きな喜びを追いかけるのに忙しくて、小さな喜び、たとえば雨の日に公園で子どもたちと裸足で駆けまわったり、バラを植えたり、のぼる太陽をながめたりすることは見逃してしまいます。世界最高峰の山々を征服した時代に生きているのに、自分自身はまだきわめていません。さらに高いビルを建てているのに、気はどんどん短くなっています。所有物は増えているのに、しあわせは減っています。心はいっぱいなのに、生活は空虚になっています。

人生の意味と、あなたがそこで演じなければならない大切な役割を理解するのを、死の床につくまで待たないでください。うしろ向きの人生を送ろうとする人が多す

目標実現型人生

ぎます。

彼らはしあわせにしてくれるものを手に入れるための努力は日々おこたりませんが、しあわせは到達する場所ではなく、自分でつくりだす状態であると理解するための知恵をもとうとはしません。心の底から、自分の才能を他人の人生に影響を与える目的のために使おうと決意したとき、しあわせと充実した人生が訪れるのです。人生からすべてのがらくたが取りのぞかれたとき、人生の真の意味が明らかになります。自分自身だけではなく、他人のためにも生きるのです。簡単にいえば、人生の目的とは目的のある人生を送ることなのです。

人生の教訓を分かち合える光栄もこの章で最後になりますが、あなたの人生が、英知としあわせと充実感で満たされることを願っています。願わくは、魅力のある仕事、奮起させてくれる楽しみ、愛情あふれる人びとのために、あなたの日々がついやされることを。最後に、この最終章のエッセンスをわたしよりはるかにうまくとらえている、ジョージ・バーナード・ショーのことばを贈りたいと思います。

みずからが偉大と認める目的のために自分自身が使われること、それこそが人生の真の喜びである。世界は自分をしあわせにする努力をおこたっていると不平をいう、病的な熱に浮かれた自己中心的な愚か者になるのではなく、自然のなかの真の力にならなければならない。わたしは、自分の人生は社会全体のものであると考えている。そして、わたしが生きているかぎり、できるだけのことをするのはわたしの特権である。

わたしは完全に使いはたされて死にたい。働けば働くほど、生きていると実感できるのだから。わたしは人生そのものを楽しむ。わたしにとって、人生ははかないロウソクのようなものではない。むしろ、ほんの一瞬だけかかげていなければならない大きなたいまつであり、わたしはその火をできるかぎり明るく燃やしつづけて、つぎの世代に手わたすのだ。

装幀／川上成夫、小栗山雄司
カバーイラスト／古瀬　稔

本書は、2009年に海竜社から刊行された
書籍を復刊したものです。

[著者紹介]
ロビン・シャーマ（Robin S.Sharma）
ロビン・シャーマは、リーダーシップ、エリート・パフォーマンス、自己発見に関する世界最高の権威のひとりで、本書や『心のカップを空にせよ』など、国際的ベストセラーを数多く出版している。ＰＢＳ（公共放送サービス）で自分の特別番組を製作したり、テレビ・ラジオの出演の機会も多く、また基調講演者として世界中から声がかかる。元弁護士で、法学士および法学修士の学位をもち、「シャーマ・リーダーシップ・インターナショナル」（ＳＬＩ）のＣＥＯ（最高経営責任者）である。ＳＬＩは学習サービス会社で、従業員や経営者、個人および組織における潜在能力の開発を手伝っている。ＣＥＯ、経営者、そして世界でもっとも成功した何人かの人びとにとって、ロビンはまさにトップ管理職であり、人生のコーチでもある。

[訳者略歴]
北澤和彦（きたざわ　かずひこ）
東北大学卒。出版社の書籍編集者を経て翻訳家に。主訳書は『独善』ウィリアム・ラシュナー（講談社）、『消えたゴッホ』A・J・ゼリーズ（ランダムハウス講談社）、『アマガンセット-弔いの海』マーク・ミルズ（ヴィレッジブックス）、『心のカップを空にせよ！』ロビン・シャーマ(ダイヤモンド社)、『今すぐやらなければ人生は変わらない』ロビン・シャーマ（海竜社）など多数。2022年逝去。

3週間続ければ一生が変わる
あなたを変える101の英知

発行日　2021年12月31日　初版第1刷発行
2024年 4月30日　　第5刷発行

著　者　ロビン・シャーマ
訳　者　北澤和彦

発行者　小池英彦
発行所　株式会社扶桑社
〒105-8070
東京都港区海岸1-2-20汐留ビルディング
電話　03-5843-8842（編　集）
03-5843-8143（メールセンター）
www.fusosha.co.jp

本文組版　株式会社盈進社
印刷・製本　サンケイ総合印刷株式会社

ISBN 978-4-594-09054-8　C0097